翻訳とはなにか

日本語と翻訳文化

柳父章著

法政大学出版局

目次

第一章「カセット効果」の説

一、翻訳で、何がむつかしいか

私たち日本人にとって、およそ翻訳という仕事の上で、何がもっとも困難であるのか。一見逆説的な、私の結論を、あらかじめ述べておこう。すなわち、翻訳の技術の上では、もっともやさしそうなことが、実は、もっとも翻訳困難なのだ、と私は考えるのである。

例をあげよう。次は、アメリカ合衆国独立宣言の一節の原文である。続く日本文の、はじめは、慶応二年（一八六六年）に刊行された福沢諭吉の翻訳で、その次のは、今日市販されている岩波文庫版（高木八尺等編『人権宣言集』一九七三年発行、この文は斎藤真訳）の翻訳である。

We hold these truths to be self-evident, that all men are created equal, that they are endowed by their Creator with certain unalienable Rights, that among these are Life, Liberty and the pursuit of Happiness.

天の人を生ずるは億兆皆同一轍にて、之に付与するに動かす可からざるの通義を以てす。即ち其通義とは人の自から生命を保し自由を求め幸福を祈るの類にて、他より之を如何ともす可らざるものなり。

われわれは、自明の真理として、すべての人は平等に造られ、造物主によって、一定の奪いがたい天賦の権利を付与され、そのなかに生命・自由および幸福の追求の含まれることを信ずる。

この原文と、二つの翻訳文とを対照して、私たちのごくふつうの常識に従って、何が翻訳しやすいか、また、何が翻訳しにくいのか、を考えてみよう。

二つの翻訳文は、百年以上の間をへだてている。それにもかかわらず、この二つの翻訳の間に共通している部分があれば、そして、それが原文と明らかな対応関係をもっていれば、おそらくもっとも翻訳しやすい部分とまず考えられるだろう。このばあいは、翻訳が、一定の方法として、すでに定着しているわけである。

これに対して、翻訳困難な部分とは、まず、原文との対応関係が明らかでないところである、と考えられるだろう。そして次に、百年以上をおいた二つの翻訳の間に、違いがある部分である。百年の間に、翻訳の方法について、いろいろと試行錯誤が試みられた、と考えられるからである。とくに、ここに掲げた福沢諭吉の翻訳文は、原文にかなり忠実であり、かつ原文の格調をも伝えた、今日読んでもよく理解できるような名文である。それだけに、その後の翻訳方法の変化のもつ意味は重要なのである。

具体的に指摘していこう。

以上の常識的判断に従って、まず翻訳がやさしい、と思われる部分は、名詞である。とくに、「生命」、「自由」、「幸福」の三つは、まったく同じであって、原文の Life, Liberty, Happiness に対応している。原文の、のこりのいくつかの名詞も、二つの翻訳文の間で、ことばは違っているが、やはり日本語の名詞で受けとめられ、訳されている。原文の men は、福沢諭吉の訳では、「億兆」で、斎藤真の訳では「人」である。原文の Creator は、福沢訳で「天」、斎藤訳で「造物主」である。また、Rights は、福沢訳で「通義」、斎藤訳で「権利」である。これらの例のばあいは、百年の間に訳語は変わっているが、原語の同一の名詞のことばを、やはり日本語の名詞で受けとめている、という点で共通している。それは、翻訳の仕事の場で考えるならば、要するに、訳語として、辞書に並べられていることばのどれを選ぶか、というような問題に帰着するであろう。事実、right の訳語として、「通義」と「権利」とが、ともに並べられているような辞書が、かつてたしかにあったのである。men や、Creator についても、同じようなことが言えるのである。

次に、原文の endow ということばは、福沢諭吉の訳では、「付与する」で、斎藤真の訳では、「付与され」となっている。ともに同じ動詞の語幹、「付与」を用いている。斎藤訳は、原文の受動態の形まで忠実に訳している、という点は違うが、ともに、同じサ行変格活用の動詞を用いているのである。

原文のequalという形容詞は、二つの翻訳文で、ともに同じ品詞の、形容動詞に訳されている。福沢訳では「同一轍に」で、斎藤訳では「平等に」である。

その他、対応関係が明らかで、三つの文にだいたい共通している、と言えるのは、原文のthatが、福沢訳と斎藤訳とで、それぞれ、「即ち」、「こと」、原文のallが、それぞれ「皆」、「すべて」、unalienableが、「動かす可からざる」、「奪いがたい」、pursuitが、「祈る」、「追求」、となっているのなどを挙げることができる。

次に、以上三つの文で共通点が乏しく、とくに原文との対応関係が乏しいもの、つまり、翻訳困難と考えられる点を指摘してみよう。

品詞の面から見てみよう。代名詞が、日本文ではあまり訳されていない。原文のthese truthsのthese, they, their, these areのthese以上四つの代名詞は、二つの翻訳文に、ともにない。前置詞は、とくに福沢訳で対応関係が乏しい。by, ofは、斎藤訳では訳されているが、福沢訳にはない。toは、ともに訳されていない。Rightsということばの複数形も、ともに訳されていない。areという複数形も訳されていない。

構文上から見てみよう。原文は、三つの従属文をもつ複文である。福沢訳では、はじめの主文を訳さず、三つの従属文の、はじめ二つと、後の一つとを、対等な二つの文にまとめている。かなり違っている。斎藤訳は、だいたい忠実である。

ところで、英文で、文というには、まず主語、述語の構造が基本である。原文には、一つの主文、三つの従属文、計四つの文で、四組の主語、述語がある。この点はどう訳されているか。福沢訳には、「天の」、「其通義とは」と、二つの主語があるが、原文の主語とは違っている。斎藤訳では、主文と、二つの従属文には、原文と同じ主語、述語ともにあるが、まん中の一つの従属文に対応する文節で、主語がない。以上すべてのばあいに、述語は、原文では主語の次にくるが、日本文では文末に位置づけられている。これもかなり重要な違いである。また、文をつなぐ接続詞 that も、福沢訳では二つ省かれ、斎藤訳では一つにまとめられている。

以上の説明をまとめよう。

百年以上をへだてた間で、翻訳方法がすでに定まっていて、もっとも翻訳上の問題が少ない、従って翻訳がやさしい、とふつう考えられる、と指摘したのは、名詞、動詞、形容詞であった。とくに、動詞は、日本語ではサ行変格活用の動詞で受け、形容詞は、形容動詞で受けとめるのである。

これに対して、翻訳困難と一般に思われるもの、今日でもやはりむつかしいのは、品詞で言えば、代名詞、冠詞、前置詞、単複の数、などであり、構文上で言えば、複文の構成、文の主語・述語の関係、とくに主語、であった。ただし、主語・述語を形式的に対置させることは、今日では、かなり忠実に行なわれている。

はじめにも断わったように、これは、私たちの常識的判断、と思われるところに従って、まとめたのである。

これに対して、私は、ほとんど正反対のことを、ここで言いたい。英文に限らず、一般にヨーロッパ語の文章の翻訳にあたって、もっとも問題があり、実は翻訳困難なのが、名詞、動詞、形容詞である、と。これらのことばの翻訳は、ここにあげた例のように、私たちの日本文では、百年以上昔、慶応年間に、すでに翻訳方法が定まっていた。それだけに、私たちの注意の目を逃れやすいのである。実際には非常にむつかしいにもかかわらず、やさしいことだ、と思わせてきたのである。私たち日本人を欺くことばである。なかでも、ここであげた例のように、Creator, Rights, Liberty, eqall' のような、抽象的、観念的な意味のことばがそうである。それは、今日でも私たちを欺きつづけている、と私は考える。

翻訳困難とふつう考えられるような、ことばや構文の問題も、確かに重要である。が、それらは、翻訳の仕事の上で気づかれやすいし、今までにも割合によく指摘され、問題にされてきている。いずれ私も取り組まなければならない問題ではあるが、今は、見逃されてきたことばの方が、はるかにだいじである、と私には思われるのである。

二、翻訳語、「外来語」は濫用される

1 「外来語」の流行は病理現象か?

日本語の問題について、よく耳にし、目にする意見に、近頃の流行語批判、というようなテーマがある。あるいは、ことばの濫用、誤用、というような問題である。

私の考えるところでは、これは、本質的に、翻訳語、または翻訳に由来することばの問題である。とくに、名詞、サ行変格活用の動詞、形容動詞が問題である。このようなことばの流行や濫用の現象は、私の問題の出発点である。

次に、このようなことばの流行、濫用を指摘し、批判した一識者の意見を紹介しよう。私は、これを紹介した上で、その後で、この批判じたいを間違いである、と批判するのである。引用された文の筆者にとっては御迷惑なこと、と推察するが、これは、現代日本の大多数の識者の意見の代表であろう、と思う。たまたま私の手もとにあったのでとりあげるのだが、同じような、にがにがしげな識者の批判は、たいていの人が、日頃どこかで耳にし、目にしていることと思う。「片仮名語の濫用・誤用」と題する章の、一部である。

過日、新聞を読んでいたら、百科事典の広告に「カラフルな説得」と大きく印刷されていた。これはあるいは「色刷りによる説得」という意味で「カラフルな」としたのかもしれないが、それなら(どうしても英語を使いたいというのであれば)「カラー・プリンティング」とすべきではないか。「多彩な、きらびやかな説得」では何のことか誰にも分るまい。

…… ……

「デリカシーな味」という文句もどこかで見た憶えがあるが、これはもちろん「デリケートな味」とすべきである。これは英語の名詞に「な」をつけた誤用の一例だが、英語などの名詞に「する」という動詞をそのままつけた誤用も目だつ。化粧品の広告に出ていた「トリートメントする」「フォンテーヌする」などがそれである。正しくは、前者の場合は「トリートする」もしくは「トリートメントをする」とすべきである。

……　……

一体どうしてこういう、意味のとりにくい外国語をむやみと使うのだろう。この傾向は広告文だけに限らないのである。……「コミュニティー」なども、ちょっと性格は違うが、やはり定義の難しい外来語であり、それと同じくらいよく使われる「コミュニケイション」も「意思疎通」「伝達」「通信」など、さまざまな意味をもつ幅の広い言葉である。が、人は、「コミュニケイション」と言うとき、自分がこの言葉をどの意味で使っているのか常に正確に自覚しているだろうか。この語がもつ幾つかの意味を全部ひっくるめたものを意味したいときに「コミュニケイション」と言うのであれば話は分るが、「意思疎通」あるいは「通信」と言えばもっと簡単に意が通じるところを敢えて「コミュニケイション」などと衒学的に言って、意味をぼやかしている場合がままありはしないか。「家では親父とのあいだにまるきりコミュニケイションがない」などという若者の発言は、私には歯の浮くような感じがする。どうして「親父とうまく意思が疎通しない」と言わないのだろうか。外国語に対応する立派な日本語があるのに、それを知ってか知らずか自分の生活の中で使わないというのは、日本人失格の第一歩である。(中村保男『翻訳の技術』中公新書)

要するに、「意味のとりにくい」ことばを、「むやみと使う」、という、私たちのまわりに広く現われている事実への批判である。確かに、事実はその通りである、と私も考える。ここで指摘されている二つの特徴、すなわち、「意味のとりにくい」ことばが使われている、ということ、「誤用」と、「むやみと使」われている、つまり「濫用」とは、私も、このようなことばの現象の二つの基本的な特徴である、と思っている。

「意味がとりにくい」のはなぜか。「カラフルな説得」の「カラフル」を、colorful である、と考えるからおかしいのである。逆に言えば、「カラフルな説得」という文句に、何らかの意味を認めるとすれば、その「カラフル」は、colortul とは違っている。もとの意味、つまり原語の英語の意味とは違った意味のことばになっているのである。

「誤用」に対する識者の批判も、この前提から発言されている。「カラフル」とは、本来 colorful でなければならない。しかるに、事実は colorful と違っている、という論理なのである。このような事実は、ことばの本来あるべき使われ方、本来あるべき意味に対して、歪んだ、間違った使われ方、間違った意味である、と思われている。「正しく」はない、と言われている。識者の言う「正しい」い使われ方が、ことばの生理現象であるとするならば、これは、ことばの病理現象、と診断されているわけであろう。

「むやみと使う」「濫用」についても、その批判の前提には、ことばとは、本来必要かつ十分な機能を果たすために使われるべきだ、という考え方があるはずである。不必要にひんぱんに、不十分な意味のままで使われているのは、やはりことばの病理現象、と考えられているわけであろう。

2　翻訳語、外来語は常に濫用されてきた

いったいことばにとって、何がもっとも健全な、本来あるべき使われ方であるのか。そのようなものがあるとしたら、それを決めるのは、少数の識者であるのか。

さらに、問題は、翻訳語や、外来語のようなことばに固有の現象である。このようなことばのばあいでも、ことばの使われ方の規範として、伝統的に使われてきたことばや、日常語と同じような姿が考えられなければならないのか。

視点を変えなければならない、と私は考える。問題を、「正し」い使い方とか、「正し」い意味、という前提から考えるのではなく、まず事実をとらえなければならない。あるべき使われ方ではなく、現に使われているところをとらえ、そこから考えていかなければならないのである。

ことばの流行現象について、識者たちは、常に批判し、慨嘆してきた。が、批判や慨嘆は、「誤用」や「濫用」の現象じたいを、ほとんど動かさなかった、と私は見る。その根は、おそらく今まで誰も思いもかけなかったほど深く、動かし難い。

ことばの「誤用」や「濫用」は、日本語の歴史上、いつでもあった。とくに、外国の文化が、一時に、多量に流れこんできた時代に著しかった。翻訳語や外来語は、必ずそのように使われる、と言うべきであろう、と考える。

明治の頃、とりわけその前半の時代、新しいことばは、伝統的な日本語の世界に乱入し、やはり「誤用」や「濫用」が猛威をふるっていた。

そして、識者たちは、同じように批判し、慨嘆していた。

識者たちの批判や慨嘆にもかかわらず、新しいことばは、あたかもそれじしんの必然性のみに従うかのように、使われ、動き、人々の思考を支配していた。慨嘆する識者たちの思考をも支配していたのである。

3　明治における知識人の嘆き

福沢諭吉は、明治十一年の「通俗民権論」の冒頭で、「権」ということばの「濫用」と「誤用」について、こう慨嘆している。

> 近来の著述書にも翻訳書にも、権利、権限、権力、権理、国権、民権、などの文字甚だ多くして、横文字読む人歟《か》、又は博く訳書を調べたる学者には其意味も分ることなれども、元と支那にても日本にても、此文字を今日通用する此意味に用ひたるは甚だ稀なるが故に、素人《しろうと》には解し難し。去迚《さりとて》文字の用は日に流行して殆ど世間通用の言葉と為り、今更其意味を人に質問するも、何か愚にして恥かしき様に思はれ、遂に之を合点せずして世を渡る者もなきに非ず。其これを合点せずして当人の不自由不便利たる可きは姑《しばら》く擱《さしお》き、之が為に世間一般の間違を生じて、容易に出来べき仕事も出来ず、速に

除く可き害をも除く可らざること多し。歎かはしき次第なり。

抑も権とは、権威などの熟語に用ひて強き者が弱き者を無理無体に威《おど》し付けて乱暴を働くの義に非ず、又弱き者が大勢寄集りて無理無法なることを唱立《となへた》て其勢にて乱暴を働くの義にも非ず。其真の意味を通俗に和解《わげ》するは迚もむづかしきことなれども、先づ権とは分《ぶん》と云ふ義に読て可ならん。即ち身分と云ひ、本分と云ひ、分限と云ひ、一分《いちぶん》と云ふが如き、分の字には自から権理の意味あり。……

権利、権限などの「権」ということばの熟語は、「素人には解し難」い。にもかかわらず、「日に流行して殆ど世間通用の言葉と為」っている。「歎かはしき次第なり」と言うのである。

「権」ということばは、人々に「誤用」され、広く流行し、しかも人々の行動を動かしていた。それは、「強き者が弱き者を無理無体に威し付けて乱暴を働」かせ、また「弱き者が大勢集りて無理無法なることを唱え」させていた。その背後に、ことばがあったのである。

同じような時代の様子は、柳田国男の思い出話の中でも、次のように語られている。

一つの例を挙げますと、私は五つか六つの頃に、丁度日本に「自由民権」といふ言葉が潮の如くに流れ込んで来る時代に遭遇致しまして、私の家は村でありますが、或日一人の若い博徒が泥酔して自分の家の門口に寝てしまつて動かぬ、それを立退かせようとして、内からも外からもいろ〳〵な人が手を掛けて起さうとしますと、その人が「自由の権だ」といつて怒鳴つたことを記憶して居ります。

これが自由といふ言葉に対する私達の概念を頗る混乱させまして、何だか非常に厭な困つたもののやうに感じ、久しい間その時代の自由民権運動の首領であつた板垣退助さんに対する反感のやうなものが抜け切らずに居りました。（柳田国男全集第三十巻「たのしい生活」）

ここにも、「自由の権」ということばの流行、即ち「濫用」と、「概念を頗る混乱させ」た使われ方、即ち「誤用」と、これに対する筆者の「何だか非常に厭な困つた」慨嘆とが語られているのである。

4　庶民にとって翻訳語とは何か

同じことばの「誤用」「濫用」現象を、次に、「誤用」し、「濫用」している人々の立場からみてみよう。

「誤用」している人々は、自分じしんでは、その使い方が誤っている、とは思わないのがふつうである。では、どういう事情がそこにうかがわれるだろうか。

明治七年の、榊原伊祐編「寄合ばなし」に、次のような話がある。

……此時すゝみ出たるは、軽井弁孝、かの黄色な声を絞り出して、モシ先生其鄲便きそくもやつぱり権道と申しますかね、妙でござり升ネ、自由の権だの権道だのと、何にても権がつくのはどういふ訳でござりましよう。此頃は三ヶの津の外は堺県だの兵庫県だの志賀県だのと、日本国中県になつてしまひ、地所は地券になる。諸藩の借りは証券になる。……

庶民にとって、流行していることばは、「権」であるよりも、「ケン」であった。「ケン」では意味は分らない。分らないから、どこかおかしいと思う。その感覚的な風刺が、ここに現われている。この文章は、多分に作り話であり、書いた筆者は、「権」がまったく分らない人ではない。が、筆者が接した庶民のなまの感覚は、この描写のうちに生きている、と思われる。

おそらく、かなり多くの当時の庶民たちにとって、「権」は、ほとんど「ケン」に等しかったであろう。他方、ごく少数のエリートにとって、「権」とは、right や、power に対応すべきことばであった。そして、その中間のあたりに、人数からいっても両者の中間ぐらいの層を形成する人々がいた。その人たちにとって、「権」とは、すなわち漢字の「権」であった。

彼らは、社会的に言えば、旧士族階級が中心であり、漢籍の教養があり、漢字に親しんできた人々であった。文化的な階層としてみれば、新文化である西欧文化に関しては、少数のエリートから啓蒙される側の立場にいた。が、他方、庶民に対しては、伝統的な漢字文化を媒介として、指導し、教える側の立場にいたのである。

そのような立場の人が、「権」をどう理解していたか。明治八年、石井南橋が書いた、『明治の光』(明治文化全集第二十四巻)に、次のような一節がある。

権理の文字は、近頃流行の物にて、義務といふ文字とならべて称る事、間々あり、耳珍らしき名目なれば、どんな不思議な事で有らふかと、考へなされる人も有り升ふが、本とより、正法に不思議なし、不思議といふは、邪法か魔法、又は我が目の及ばぬより、ツイ知れて有る事も、奇妙な物じやと不思議がるなり、此の権理も同然にて、何ぞ六ツヶ敷訳も無き文字なれども、皆様では、少し御こまりも有字かと存じ升れば、細かに砕ひて御目に掛け升ふ、全体此の権の字は、秤《はか》りの事でござる、…… ……御一新より、御改革に成り、惣撫しは、誰彼の差別無く百斤と定め置、扨、体の大小長短に随ひ、権りに掛て目利をするなり、先づ譬へて申すは、右の通り、今日の事柄に引付けて申せば僅二三十坪の家屋敷でも、所有証処の地券所持して居れば、どこ〳〵迄も何屋何兵衛の家屋敷といふ権理が有り升して、天子様でも太政官でも、此の権理を押潰して、一坪でも御引上げ成さるゝ権理は御持ち成されぬ、是非御入用ならば、同じ斤目の金か代地を以て、御相談の上では、権理の替へ〳〵をする事も有なり、……

「権」とは、秤りの事である、と言う。漢字「権」のもとの意味は、確かにそうである。その「権」という文字を使ったことばが目の前に現われたとき、この筆者は、何よりもまず、「権」という漢字の意味から、そのことばの意味を考えていこうとしたのである。それは、伝統的教養の教える当然の方法であった。

そして、その伝統的教養による方法で理解されたところは、いかにつじつまを合わせようと、横文字の right の意味とは違っていたのである。

同じ筆者は、やはり当時の流行語「自主自由」についても、こう語っている。

自主自由と申文字を砕いて見るに自は自分、主は主じ、由はよると訓す、どうも是れだけにては、中々御分りになり兼升ふ、我等よく譬を取りて咄し升ふ、……権兵衛殿は、家屋敷の主なれば、天下晴れて自分が主人て、自分の家に居られる故へ、則ち是が自主自由、何一ッ遠慮も懸念もなき心持が、独立不羈と申て、自主自由に付属したる定まりの文字なり、夫に引替へ、権兵衛殿の長屋を借りて住まふて居らるゝ人々は、中々其の格には参らぬ、一ヶ月の家賃が一両二分、若し滞れば最《もう》立つて下されと、追ひ出されても、申訳が出来升せぬ筈じや、本が、自分の家に、自分が居ると違ひて、他主他由の借り物じや、……正真の自主自由の人なれば、人に便らすとも、自分丈で、十分に自分丈けの事を為して、用を足すが自主自由でござる、然かし、此が至て間違ひの、出来易き所でごさる、譬へば人力車引いて、日に四五十銭つゝ取り、縄のすだれの中で、濁酒三合と、丼飯一椀、十分に引つ掛け、ハア善ひ気持だ、是から休みじや、おれでも正真の自主自由の男じや、といふ様なもので、尤の様に聞へ升が、此の人力車引きが、機嫌て宿に帰りますと、女房が待て居升した。明朝の米の御あし五百文出して下され、夫れに、六十文の湯銭をといひたる時、是は気が付ざりし、米は明日まではまだ有ると思ふて居たこいつは大変だ、……夫れ故、真の自主自由独立不羈とは、中々容易な事ては出来ませぬ、御布告が一と通り回りて来ても長屋中我が名前に点掛けて廻す計り、何の事だか夢中で順達、隣も同しく夢中て受取、夢中々々で、夢に夢見る今の浮世は、夫れでは勤まり升ぬといふても、是非が無い、大抵他主他由の御亭主計りじやもの、……

「御布告」の「自主自由」の前で、訳が分らず「何の事だか夢中」で戸惑いしている庶民たちに対して、筆者は、とにかく、一応筋の通った納得の仕方をしている。「自主自由」は、「ジシュジユウ」ではないからである。「自は自分、主は主で、由はよると訓す」、要するに一人立ちしてやっていけ、ということだ、と理解する。それにひきかえ、お前たちは一人立ちできない、だから「他主他由」だ、精を出して一生懸命働け、と教えているのである。

この文の背景にも、新しいことばが突然現われ、大多数の人々には訳が分らないのだが、しかし、しきりに口にされている、という情況をうかがうことができる。比較的少数の人々も、漢字を頼りに説明はするが、もちろん分っていない。説明している当人じしんもあやふやである。この文のうちにも、その自信のない気持をうかがうことができる。

では、流行している「自由」や「権」とは、いったいどういう意味のことばであったのか。「ジユウ」や「ケン」と受けとめた人々にとっては、わけが分らない。「自由」や「権」の漢字を頼りに説明した人々は、どうもあやふやである。他方、「自由」を liberty、「権」を right と理解する少数の識者は、現に人々に使われている「自由」や「権」は、liberty や right ではない、と慨嘆するのである。

それにもかかわらず、「自由」や「権」は、すさまじい勢いで使われ、口にされ、書かれていた。

「自由」や「権」とともに、「文明」や「開化」が、当代の、やはり流行語であった。これらばかりではなく、多くの新しいことばが続々とつくられ、流行していたのである。その流行していることばの正体について考察する前に、ことばの流行現象一般について、もうしばらく観察しておきたい。

5 「漢語」の流行

明治二十七年の『風俗画報』に、「流行言語」と題する次のような論説がのっている。

文事の開くるに従つて、言語も亦次第に流行且つ新を逐ひ奇を好むの情より出て、世に後れまじといふ競争より、忽ち流伝するに及べり、嘉永安政の頃より世の中追々騒しくなるに従つて、漢学も漸く再ひ芽を出し、上下一般、少しく漢語を交へ用ひねば、無学のやうに軽蔑せられんことを思ひ、文字を知らずして、口真似に漢語を遣ふこと流行出したり、……

以下、当時の流行語が、いくつか指摘され、批判されている。そして終りに、「別品」という当時の流行語について、こう述べている。

……其名京摂に流伝し、又東京に囂しくなり、今日にては別品と言へは、鰻とは思はず、只美婦人の一名となるに至れり、然れとも実は穏やかならさる称謂にて、古書未た別品の熟字を見ず、神品とか、妙品とか、佳品とか言へるは、其技芸を称するにあれと別品と言ふて賞誉の言と為すは当らさる文字なり、絶品とか逸品とか為せは、すくれて賞する辞なれと、別品と言へは品を分ッと言ふ義なれば、未だ美とも醜ともつかさる義なり、醜婦を不別品と言ふも、品を別たずと言ふ義なれば、尋常の品と見倣さるを得ず、……近頃は諸物に別品の名を負するもの多く、見慣れ聞慣れするゆへに、異なる唱へとも思はねとも、ましめな文にでも書せんとするときは、大に困却する事あり、

「別品」という当時の流行語を、その漢字の意味から考えて、誤った使い方だ、と指弾している。「別品」は、西欧語に対応することばを持っているわけではない。が、あたかも、流行している「権」が、right の意味と違い、「カラフル」が、colorful の意味と違って使われている、と批判され、慨嘆されていたように、「別品」は、本来そのもとの意味であるはずの、「品を別つと言ふ義」と違っている、と批判される。そして、「ましめな文にでも書せんとするときは、大に困却する事あり」と慨嘆されるのである。

筆者がここではじめに説いているように、当時、翻訳語ばかりでなく、多くの漢語が流行した。それらは、一つ一つ調べてみると、いずれもやはり、「誤用」され、かつ「濫用」されていた。そして、その多くは、やはり名詞であり、サ行変格活用の動詞であり、形容動詞であった。

翻訳語がひき起した特異なことばの現象は、翻訳語だけに限らなかった。同じような現象は、広く、一般に翻訳語のようなことばをめぐってもひき起されていたのである。

幕末から明治前半の頃までの間、翻訳語とは、大多数の日本人にとっては、すなわち新しく出現した「漢語」にほかならなかった。「漢語」は、魅力のあることばとして、改めて見直されていたであろう。自由や、交際や、開化などは、従来から知っていたことばであったが、かつて知らなかったような雰囲気の中で使われ、人々の前に現われていた。同じように、従来からあった多くの漢語も、改めて人々に見直されていたに違いない。

おそらく、それにもまして、当時新しく造られていた翻訳造語が、「漢語」の不思議な魅力を人々に教えていたであろう。社会、理性、銀行、汽車などは、翻訳のために、必要に応じ、いわば止むをえず造られたのである。が、それらの出現は、従来見なれなかった文字も、またことばでありうる、ということを教え、それにならって、自ら造語することの魅力も教えたであろう。別品ということばも、そのような背景の中で造られ、やがて流行した一つであった。

6　「漢語」からカタカナことばへ

『安愚楽鍋』や、『当世書生気質』などの小説は、当時の漢語の流行を生き生きと伝えている。明治四年に出た仮名垣魯文の『安愚楽鍋』の時代には、西洋通とは、漢語通であった。

……おたけへに漢語通に、因循家だとか旧弊家だとかいはれるのだから、大きにりうかうにおくれてきやしたが、にはかにざんぎりにもなられず、……

「漢語通」の「漢語」の向うには、もちろん、横文字があったはずである。が、それは、比較的少数の伝統的な教養をもった人々にとっても、ずいぶん遠い彼方の世界であった。

……僕も旧《もと》は和漢の書をすこしばかり読《のぞ》いたけれど、横文字ばかりは大きらひ、鎖国攘夷の説を唱へたが、斯まで互市《かうえき》がさかんに成ツては、外国の実情を知らぬもふじゆうで、嫌ふた事をくやんで居れど、さりとて白髪をいただきながら、エビシをまなぶもはづかしいゆゑ、訳書だけを読で、かの国の事情《こと》はすこしわかツたから、以前の説を覆甕《ほぐ》にして、開港互市にあらざれば、富国強兵の策なしとおもふこゝろになつたぢやテ、……

「仰を伺ひますれば実にさやうでござい升、わたくしも老の学文に翻訳書でもよみませう、実に西洋流でなくては、夜があけませぬ、

こうして、「因循家」「旧弊家」は、続々と「漢語通」に転向していったのである。

明治十九年、坪内逍遙が『当世書生気質』を発表した頃になると、エリート書生たちの会話の中では、横文字やカタカナのことばが盛んに使われる。やはり「誤用」され、「濫用」される。その横文字やカタカナは、従来の「漢語」の位置に座を占めるようになるのである。

「馬鹿いふな。之を実際に行うたら、天に背《アンナチユラル》でもあるぢやらうし、不道徳《イムモーラル》でもあるぢやらうが、唯

理論上に行ふのぢやから、毫も破廉恥の理由なしぢや。」

「果して理論上ぢやか如何ぢやか、容易に信用《ビリイフ》は出来ん。」

……　……

「……それを小村が独断でもつて、強て君を説得《パーシュエイド》して、一寸時計《ウオツチ》を借りたのもいゝが、借りつぱなしたア実に失敬さ。」

小説中、いたるところで、このような会話が交わされている。書生たちの知っている横文字のことばは、カタカナのことばとなり、たいていのばあい、漢字のすぐ横に場所を占めている。漢字は、多くは二字の熟語である。カタカナは、漢字が今まで日本語の文中で果たしていた働きをひきつぐのである。カタカナが漢字の働きをひきつぐ、と言っても、とって代わるわけではない。「she《シイ》(あれ)」というような漢字抜きの表現もないことはないが、例外である。多くのばあいは、カタカナが増えただけ、漢字もまた増えている。

中には、カタカナ抜きの漢字が、これらの「濫用」されていることばと同じ効果で使われているものもある。たとえば、

俗にいふお転婆なれども、彼女は活潑だ、などといつて書生連によろこばるゝ小娘なり。

「活潑」という二字の漢字の熟語が、書生たちに好んで使われていたのである。「お転婆」という、日常語に熟した表現と、どこが違うのか、その意味は定かではないが、とにかく、「お転婆」ではなく、「活潑」でなければならなかったであろう。識者は「誤用」ととがめるであろう。そのようなことばこそ、「濫用」されていたのである。

三、カセット効果の仮説の提唱

1　カセット効果の仮説

翻訳語や翻訳語のような漢語や、カタカナのことばは、確かに、意味がよく通らぬままで使われ、しかもむやみに使われている。その事実を、事実として指摘することにおいては、私は、世の識者にまったく同感である。むしろ、そのような事実は、人々が今まで指摘してきた以上に、広く、根強く行なわれていた。幕末から明治にかけての時代がそうであったし、私たちの歴史上、いたるところにその例を見いだすことができる、と私は言うのである。

世の識者たちは、しかし、このようなことばの現象を、正しくない、と言い、正常なあり方ではない、ことばの病理現象である、と言う。常にそう言い続けてきた。私はこれに反対するのである。

ことばの「誤用」や「濫用」現象は、ある種類のことばについては、きわめて正常なあり方である、と私は考える。それは、いわば、ことばの健全な生理現象なのだ。

例外的な、ごく稀な事実ならばともかく、このように広く、深く現われている事実を、病理現象と断定し、慨嘆してすますことは、それだけでもおかしいことであろう。後にも指摘するように、この現象の根は、もっともっと広く、深いのである。それは、とりわけ、日本の学問や思想に大きな影響を与えてきた。

事実に正面から取り組まなければならない、と私は考える。

私の考えを述べよう。

以上のような現象や、以下に説くような事実を、私は、いわば一つの仮説として、提示し、説明したい。まだ誰も正面切って取りあげていないので、用語もない。私じしんの造った説明のための用語から始めよう。


ことばは、もともと「カセット」のようなものだ、と私は考える。「カセット」とは、case、つまり箱の小さなもので、フランス語で言う cassette であり、宝石箱という意味で使われる。テープ・レコーダーで使うカセット・テープも、同じ意味から出ている。

小さな宝石箱がある。中に宝石を入れることができる。どんな宝石でも入れることができる。が、できたばかりの宝石箱には、まだ何も入っていない。

しかし、宝石箱は、外から見ると、それだけできれいで、魅力がある。その上に、何か入っていそうだ、きっと入っているだろう、という気持が、見る者を惹きつける。新しく造られたばかりのことばは、このカセットに似ている。それじたいが、第一に魅力である。そして、中にはきっと深い意味がこめられているに違いない、という漠然とした期待が、人々を惹きつける。

美しい宝石箱は、人々に求められ、飾られたりするが、やがて、宝石をしまうのに使われる。はじめに、それが美しいから求められ、やがて使われるのである。

ことばは、生まれたはじめには意味は乏しい。意味は乏しくても、ことばじしんが人々を惹きつける。だから使われ、やがて豊かな意味をもつようになるのだ、と私は考える。そのはじめに、意味ではなく、その働きによってではなく、ことばじたいが魅力である、という体験がなければ、人は結局ことばを使いこなせなかったであろう。

翻訳語は、私たちにとって、新しいことばである。とくに翻訳のために新しく造られたことばは、不意に目の前に現われたカセットのようである。このようなことばに特有の現象や機能や効果などを、ひっくるめて、私は「カセット効果」と呼ぶことにしよう。

カセット効果は、たとえば、reason を理性と造語して訳したばあいに、典型的な形で現われる。これに対して、liberty の訳として自由をもってきた、というばあいには、従来あった自由ということばが、たぶんにカセット化する、というように考える。従来からあったことばの、いわゆる正常なことばの機能とともに、私の言うカセット効果が重なって働くのである。

2　カセット効果は、価値をもっている

カセット効果は、もっとも基本的には、まったく意味のないことばが、ことばじたいの魅力とも言うべき効果をもっているということである。このような前提を承認しない限り、前章までに述べてきたような事実の説明は、一歩も進めないように私には思われるのである。

カセット効果は、まず、ことばが価値をもっているように働く。価値は、プラスかマイナスであって、その間の落差は大きく、中間はない。

前述の柳田国男の思い出話で、「自由の権」ということばは、泥酔している若い博徒にとって、プラスの価値であった。その同じことばは、筆者柳田国男にとって、マイナスの価値であった。両者の、同じことばに対する価値評価は、正反対の方向に大きく開いているのである。

カセット効果のマイナスの価値は、ことばに意味を期待した人の失望、ともとれる。そういう事情ももちろんあるが、そのような理性的な判断は、カセット効果にとって本質的ではない。それは、魅力のすぐ裏側の反感、とも言うべき感情である。感情と言うよりも、もっと原始的な、ある感覚に根ざしている。意味の期待と、その失望、というような事情は、カセット効果の現われるきっかけにすぎないのである。だからこそ、筆者は、「久しい間その時代の自由民権運動の首領であつた板垣退助さんに対する反感のやうなものが抜け切らずに居りました。」と告白している。これは冷静な判断ではなく、「反感のやうなもの」であり、「久しい間」影響を与え続けたほど、その効果は深かったのである。

このような効果は、今まで引用した例のほとんどのばあいに見いだすことができる。一般に、識者の慨嘆は、カセット効果のマイナスの価値による反応である。客観的に述べているようで、どこか感情的・感覚的な嫌悪がともなっているものである。

識者ばかりではない。「寄合ばなし」で、庶民の代表として描写されている軽井弁孝の、「自由の権だの権道だの……兵庫県だの志賀県だの……地所は地券になる。諸藩の借りは証券になる」という、故意に茶化した「ケン」への風刺にも、同じようなマイナスの効果が働いている、と思う。

逆に、「権」ということばを前にして、「耳珍らしき名目なれば、どんな不思議な事で有らふかと、考えなされる人も有り升ふが、本とより、正法に不思議なし、不思議といふは、邪法か魔法、……」で始まって、一向につかめないにもかかわらず、けんめいに考えていこうとしているのは、プラスの効果の現われである。

カセット効果のプラスとマイナスとの価値の効果は、一人の人にとって、時期を接して現われることもある。そのばあいにも、中間の状態抜きに、不意に、熱中から反感へ、あるいはその逆へ、というように、正反対の方向に大きく転換するのである。

おそらく、それは、不意に目の前に現われたある異質なもの、見慣れないものに対する、人間のごく自然な、原始的な反応にもとづいているのであろう。「因循家」「旧弊家」が、あるとき以後、急速に「漢語通」に変身していったような時代には、その背景の至るところで、ひそかに、このようなことばの事件が人々をひきこんでいたであろう。

3　カセット効果は、置き換え不可能である

カセット効果のもつ、プラスとマイナスの価値の効果とは、ふつうよく言われる、ありがたみのあることばとか、あるいは、その反対に、嫌われることば、タブーとしてのことば、というようなものとは違う。間接的には関係があるが、直接の関係はない。

たとえば、昔、「天皇」ということばは、文章では常に行の一番上に書かれたし、このことばを聞いたとき、人々は直ちに不動の姿勢をとった。が、それは、「天皇」ということばじたいの価値によってではない。「天皇」ということばのもつ意味によってである。ある特定のことばが、掛軸に書かれて床間にかかげられたり、あることばが、祭壇の前だけで口にされたりするばあいも、その価値は、ことばの意味を媒介としているのである。「4」という番号の文字が不吉であるのも、「死」とのつながり、という意味によっている。これらのばあいでも、それと並存して、ことばのカセット効果を考えてみることはできる。が、ものを考える原則として、一応区別しておかなければならないのである。

カセット効果のもつ価値は、結局、意味としては説明できない。他のことばによる置き換え、という意味によっては説明できない。意味を知るために辞書を引き、意味として並んでいることばを選択するのは、そのための試みである。が、カセット効果のことばは、結局、置き換え不可能である。

たとえば、「カラフルな説得」と、「色刷りによる説得」とは、どう違うのか。「別品」は、「美人」と言い換えてはいけなかったのか。「活潑」は「お転婆」となぜ言い換えられないのか。それらを、意味

を頼りに説明してみることは、一応できるかも知れない。が、ある程度までのことであり、しょせん、無駄な努力である。要するに、それは、「カラフル」や、「別品」や、「活潑」ということば固有の価値であって、置き換え不可能なのである。

逆に、あることばが、文脈上で、他のことばに置き換え不可能であるとき、それは、カセット効果によってであろうか。ここでは、私は、その疑いがある、と言っておこう。たとえば、詩のことばは、一語一語置き換え不可能である、と説かれ、そのことは広く認められている。とすると、詩のことばは、本質的に私のいうカセット効果に頼っているのであろうか。あるいはそうであるのかも知れない。が、ここではこの問題に深入りはしないことにしたい。

当面の私の問題は、もともと論理にうったえ、文脈上の意味にうったえて語られ、使われるはずのことば、そう信じられていることばが、実はそうではない、という問題に限定して考えていく。

4　カセットの意味は矛盾する

カセット効果は、もともと無意味なことばのもつ効果である。他方、ことばは、意味がある、というのは公然たる常識である。言語学上のあらゆる学説はその前提の上に成り立っているし、私たちはまた、教わらなくても、日常語、伝統的な歴史をかけて育てられてきたことばの使用の体験を通じて、そのことを知っている。

カセット効果は、私たちのことばについての根本的な常識に反するし、また、私たちのことばの生活の中では、全体としてみれば、限られている。実は、後に述べるように、使われる場が限られているのである。だから、なかなか気づかれないのだが、一人の人の意識の内部でも、カセット効果は実際に強く働いていても、気づかれない。あたかも、カセット効果じたいが、表の場に出ることを拒むかのように、潜在的に機能しているようにみえる。

たとえば、カセット効果でことばを使っている人は、もちろん「カセット効果」という用語は用いないとしても、そのような事情を容易に認めない。たずねられれば、何とかそのことばの「意味」を説明しようとする。

しかし、そのような説明は、きっと、どこかで決定的に意味不十分となるか、意味の矛盾をひき起すのである。

すると、カセット効果で使われていることばは分らないのだろうか。それは、「分る」ということばの定義如何による。

カセット効果のことばは、とくに新しいことばとの出会いをひんぱんに体験する、若い人々の世界によく現われる。カセット効果によって発言されたことばは、同じような体験の中で生きている人々が、やはりカセット効果によってうけとめる。「カラフルな説得」ということばの意味を考えてみると、「説得」が「カラフル」ということになって、どうもおかしい。だから、このことばを批判した筆者は、「それなら（どうしても英語を使いたいというのであれば）『カラー・プリンティング』とすべきではないか。『多彩な、きらびやかな説得』では何のことか誰にも分るまい。」と述べた。しかし、「カラフルな説得」という文句で、即座に「分る」人々が大勢いるのである。この広告文を書いた人も、「分る」人々の存在を十分感じとって、そう書いたはずである。

前述の「寄合ばなし」軽井弁孝が、「モシ先生」と、皮肉に問いかけているのは、カセット効果で使われていることばの意味を聞いているのである。「妙でござり升ネ、自由の権だの権道だのと、何にても権がつくのはどういふ訳でござりましよう。此頃は三ヶの津の外は堺県だの兵庫県だの志賀県だのと、日本国中県になつてしまひ、地所は地券になる。……」というお喋りの背景には、「ケン」が、意味が分らないままで、しかも盛んに使われ、流行していた事情をうかがうことができる。

『明治の光』での、石井南橋の説明は、あたかも、カセット効果のことばの意味をたずねられたときの答えのようである。それは意味が決定的に不十分であるばかりでなく、前後で矛盾している。「全体此の権の字は、秤《はか》りの事でござる」とはじめて、「御一新より、御改革に成り、惣撫しは、誰彼の差別無く百斤と定め置」までは、まあまあである。が、それにすぐ続いて、「扨、体の大小長短に随ひ、権りに掛て目利をするなり」と説く。これはもちろん、right の意味に矛盾するが、何よりも、筆者じしんの文の、前後で矛盾しているのである。当時の教養人として、庶民に向って「権」を講釈する義務のような気持を抱いていたのであろうが、彼じしん、「権」ということばのカセット効果にとらえられていたのである。

5　ナイダの翻訳論との対照

カセット効果とは、もともと意味のないことばのもつ効果である。それは、しかし、カセット効果の典型的なばあいであり、とくに、意味がまったくないようなばあいは、一つの極限のばあいである。現実には、意味がまったくないばあいは、それほど多くはない。多少なりと意味をもっていることの方が多いかも知れない。意味がまったくないことばのカセット効果とは、いわば理念型 Idealtypus であって、理論上、想定しておくことは必要である。

カセット効果は、意味がないか、あるいは不十分であることをかくすように働いている。それと気づかずに使われる。そして、多くのばあいそうなのだが、意味について改めてとがめられることがなければ、そのまま通用し、人々に「分る」。

しかし、誰かがそのことばの意味を求めると、元来意味欠如、または不十分であるにもかかわらず使われ、日本文の文脈中におかれているために、文脈中の他のことばと矛盾が生じるのである。その意味は、どこに求めるか。ある人はそれを横文字に求める。

たとえば、「カラフルな説得」という文句で、「カラフルな」ということばの意味を、横文字の英語に求めていけば、「色彩豊かな」というようなことであり、他方、このことばに修飾される「説得」には、「色彩」はない。矛盾である。

ところが、実際は、つまり私の説によれば、日本語のカタカナ形容動詞「カラフルな」は、カセットのことばとして使われている。このことばじたいのうちに、何か知らないが、ある貴重なものがこめられているような効果をもっている。プラスの価値をもっている。そのような効果によって、「説得」という名詞を修飾しているのである。

このばあい、おそらく、「カラフルな」は、「色彩豊かな」という意味と、無関係ではないだろう。多少なりとその意味をもち、その意味とカセット効果とは、たがいに修飾語としての機能を補い合っているのである。

カセット効果のことばの意味を、漢字に求める人もいる。「全体此の権の字は、秤りの事でござる」というのが、その例である。「別品と言へは品を分つと言ふ義なれば、未だ美とも醜ともつかさる義なり」というのもそうである。


カセット効果による、意味の混在、矛盾、という現象を説明するために、ユージン・ナイダの翻訳論と対比してみよう。

ナイダによると、よい翻訳、理想的な翻訳は、次のように図示される (Eugene A. Nida: Toward a Science of Translating 成瀬武史訳、『翻訳学序説』)。ナイダは、ここで、聖書を、ギリシャ語またはヘブライ語から、英語に訳し、さらにその英語から、日本語などの非印欧系の現代語に翻訳するばあいを説いているが、本書における私の考察にとって重要な、英語から日本語へ、という場合の部分だけをとりあげることにする。

図で、Sは Source、つまり発言者、筆者、Mは Message、つまり、伝達されることば、Rは Receptor、つまり読者である。Cという大きな四角と円は、広い意味での文脈を示す Cultural Contexts であり、

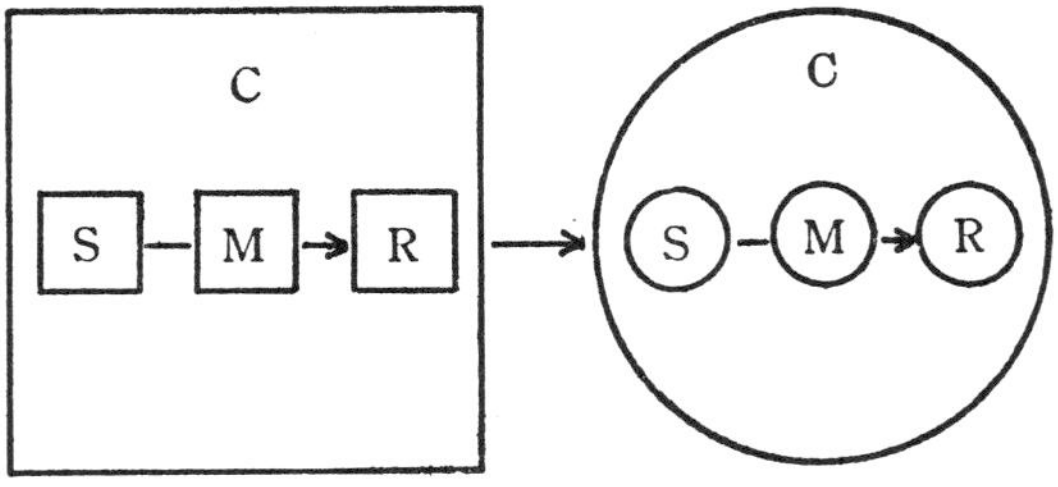

第1図

文章上の文脈も含めて、ことばの意味をつくっている社会的背景などを指す。また、大きな矢印は、翻訳の過程を示し、わくの中の小さな矢印は、ことばが、その文化的文脈の中で伝達されていく過程を現わしている。

さて、ナイダは、翻訳の方法として、原文の一つ一つのことばを、形式的に対応させていくような翻訳を、形式的等価 Formal Equivalence を求める翻訳であって、よくない、と説く。これに対して、ことばが、それぞれの文脈の中でもつ意味がたがいになるべく近い対応関係をもつような方法を動的等価 Dynamic Equivalence の翻訳、と言い、これがよい翻訳の方法である、と述べている。動的等価を求める翻訳は、原文と翻訳文とで、品詞の種類や、文と文との対応が変わることも認めるのである。

図は、この動的等価の翻訳を示している。翻訳者は、四角なわくのRであると同時に、円の中のSである。そして、翻訳とは、四角の中のMを、円の中のMに置き換える仕事、ということになる。

ナイダのこの主張は、すぐれた翻訳論である、と私も考える。そして、英語などの外国語を日本語に翻訳するばあい、重要な指針となり、少なからぬばあいに、それは可能であろう、と考える。

しかし、ナイダの説くこの方法が、どうにも困難なばあいがある。ナイダの説では、悪いとされる形式的等価の方法によって、その方法によってこそ翻訳されるようなばあいがある。それが、私の言う、カセットのことばに頼る翻訳である。

英語などの外国語を日本語に翻訳するとき、原語の名詞、動詞、形容詞については、名詞は名詞へ、動詞はやはり動詞、とくにサ行変格活用の動詞へ、形容詞は形容詞および形容動詞、とくに形容動詞へ、という翻訳方法は、私たちの間では、方法として確立され、定着している。それは、本書の冒頭にも指摘したように、幕末、明治初年以来のことである。さらに言えば、それは、古代以来、私たちの大和ことばが、大陸中国の文字を受容して以来の、伝統的方法なのである。

この他にも、代名詞は、伝統的な日本文では非常に乏しかったが、明治以後、「われわれ」「彼」「彼女」「それら」などのように、かなり無理をして、原語と翻訳文との間に形式的等価を保つように設定されてきた。それは、今日ではやはり翻訳の基本的な方法として定着させられているのである。また、構文上の問題について言えば、主語・述語の構文も、明治以後、翻訳文の定型として、ほとんど確立させられている、ということを指摘しておかなければならないであろう。

以上のように、私たちの翻訳の仕事において、名詞、動詞とくにサ行変格活用の動詞、形容詞と形容動詞、とくに形容動詞、および代名詞を対応させるような翻訳は、ナイダの言う動的等価の原則を斥け、形式的等価が方法として確立されているのである。それは、私の説によれば、カセット効果を生みだしやすい翻訳である。それればかりではない。もっと重要なことは、カセット効果に頼りやすい翻訳なのである。問題はカセット効果を受けとめる読者の側にばかりあるのではない。おそらくそれ以上に、翻訳文を書き、造りだしている知識人たちが問題なのである。

6　翻訳者もカセットを利用する

私の言う、カセット効果に頼る翻訳、カセット効果を生みだす翻訳を、ナイダの翻訳論とつき合わせて考えてみよう。

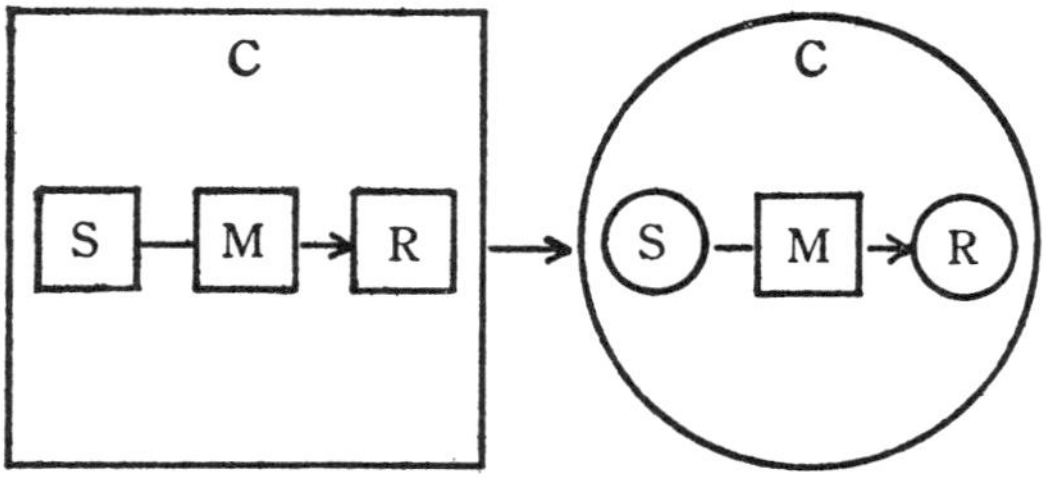

第２図

ちょっと考えると、このようなばあいは、原語と同じような形の翻訳語が入ってくるのだから、上の図のようになるのではないか、とも思われるかも知れない。

図は、四角の中のMが、そのまま、こちら側の文脈の中に入ってくることを示している。これは、おそらく大多数の人々の、翻訳についての常識を示している、と思われる。「カラフル」は colorful と等しい、「自由」や「権利」は、liberty や right と等しい、少なくとも等しいはずだ、というのが私たちの通念だからである。

しかし、こうはならない、形式的等価の翻訳が確立されていることばのばあい、その多くのばあい、そして本質的にこうではない、と私は考える。それは、次のように図示するのがふさわしい。

次の第三図で、六角形に包まれたMは、原語の四角な文脈にも、こちら側の円の文脈にも、そのどちらにも適応しないようなM、すなわち、カセットのことばを現わしている。

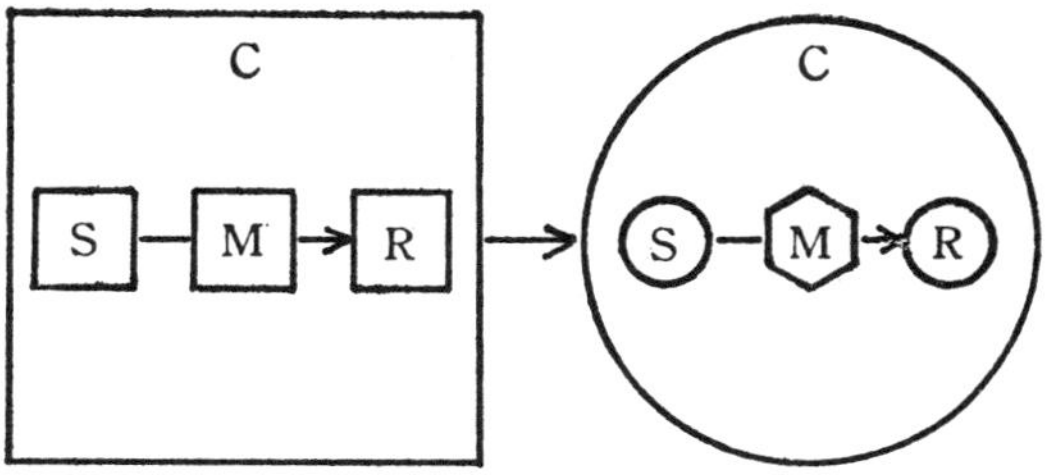

第3図

　およそ、あらゆることばは、その固有の文脈の中で、十分な意味をもっている。とくに、liberty や right のような抽象的なことばの意味は、文脈上の意味に依存する度合いが大きい。liberty を「リバティー」と言い換えて、異質な文脈の中に置くことは、コードや配線をすっかり切断して電気器具を持ち運ぶみたいなものであろう。「リバティー」ではなく「自由」を置くことで、どれほどの意味を伝えうるのだろうか。

　慶応二年、福沢諭吉は、『西洋事情』でこう述べている。

> 洋書を翻訳するに臨み、或は妥当の訳字なくして訳者の困却すること常に少なからず。譬へば訳書中に往々自由 原語「リベルチ」 通義 原語「ライト」 の字を用ひたること多しと雖ども、実は是等の訳字を以て原意を尽すに足らず。就中、此篇の巻首には専ら自由通義の議論を記したるものなれば、特に先づ此二字の義を註解して訳書を読む者の便覧に供すること左の如し。
>
> 　第一　「リベルチ」とは自由と云ふ義にて、漢人の訳に自主、自専、自得、自若、自主宰、任意、寛容、従容、等の字を用ひたれども、未だ原語の意義を尽すに足らず。

……　……

すなわち、「実は是等の訳字を以て原意を尽すに足らず」、「未だ原語の意義を尽すに足らず」、とくり返しことわった上で、敢えて「自由」、「通義」の翻訳語を使ったのである。

逆に言えば、「自由」や「通義」ということばを見ても、いくら眺めても、結局 liberty や right の意味をつかみ得ないのである。「意義を尽すに足」りないにもかかわらず、あたかも「意義を尽すに足」りるかのごとく置かれていることば、それが、私の言うカセットなのである。

福沢諭吉じしんは、「意義を尽すに足」りるかのごとく受けとめられては困る、と思っていた。そう痛感していた。だから、このようにことわっているのである。

だが、ことばは、それを造語した人や、定義づけた人の自由にはならない。発言されたとき、直ちに、それは発言者じしんのものではなくなる。印刷されればなおさらである。

福沢諭吉のこの苦心と懸念の配慮は、私の立場から見れば、ことばのカセット効果に頼らざるを得なかった告白なのである。意味はよく分らないだろう。が、とにかくここにことばを置いておくから、何とか考えてくれ、と言ったに等しい。筆者じしん、そのことばに完全に責任を持ち得ない。責任は、筆者の手を離れたことばじたいに負わされたのである。

7　カセット効果は、意味の矛盾をかくす

カセットのことばにも、多くのばあい多少なりと意味はある。「意義を尽すに足らず」とは、意義がない、ということではない。このばあいで言えば、まず、福沢の文章の中で、前後の文脈上与えられる意味がある。それからまた、「自由」や「通義」という漢字によって理解される意味がある。このうちで、文脈上理解される意味は、不十分ながらも、libertyやrightの意味に近いに違いない。

一般的に言えば、私たちの翻訳語には、文脈上理解される原語の意味と、翻訳語に宛てられた漢字によって理解される意味がある、と言うことができる。翻訳者は、カセット効果に頼らざるを得ないとしても、結局は、このような理解を通じて、翻訳すべき意味の伝達を期待している、というわけであろう。だが、事情はそう都合よくは運ばない。ここで、カセット効果の構造を考察しなければならない。

カセットのことばは、意味が欠如しているか、不十分である。が、そのことはふつう気づかれない。それは、意味が完全にあることばのように位置づけられているのである。伝統的な日本文の中で、それはれっきとした品詞と文法上の機能を与えられているのである。

意味が不十分であることについての福沢諭吉の配慮は、例外的な発言である。あの時代に、ごく少数の先進的な知識人たちが、ときたま、それに気づいて警告したにすぎない。その上に、このような警告は、多数の読者たちのもとまでは届かない。第一、カセットのことばじしんが、このような警告を拒むように働いているのである。

カセットのことばの原語の意味や、漢字の意味は、ことばの意味が不十分なところを補うように働くのではない。カセットは、すでに十分である。常に十分であるかのように位置づけられている。それは、逆に、原語の意味や、漢字の意味を、固有の効果によって色づけし、補うのである。そして変質させるのである。

このような事情を、やはり、ナイダの図とかみ合わせて、私の表現方法で図示してみよう。

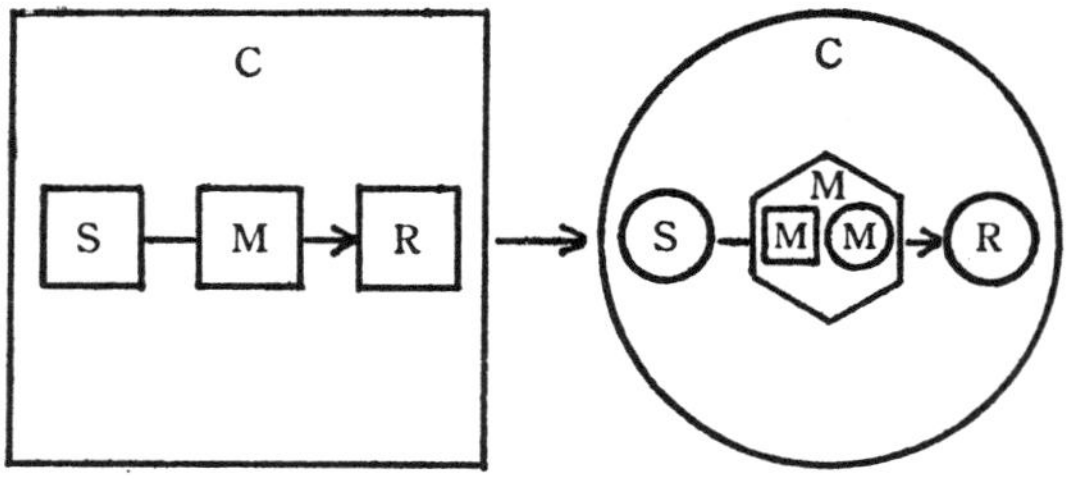

第4図

図で、六角形のM、すなわちカセットのことばの中に、四角のM、つまり原語の意味のことばと、円のM、つまり日本語の意味のことばとが包みこまれている。ここにあるのは、やはり本質的にカセットなのである。

カセット効果は、まず、その中に包みこまれている原語や日本語の意味に対して、価値づけをする。プラスかマイナスの価値を持ったことばにする。

カセット効果は、その中の原語や日本語の意味が不十分であることをかくす。この二つの意味が、もし意識的に、意味をたずねれば矛盾をひき起すようなとき、その矛盾をかくす。

カセット効果は、もちろん、その外のことばに対しても働く。そこで、その中の原語や日本語の意味は、外のことばとの相対的な関係の中で価値づけされる。そして、意味の不十分さをかくし、矛盾をかくす。

たとえば、理解の便宜上、くり返しとりあげた「カラフルな説得」について述べてみよう。このばあい、カセット「カラフル」の中の意味は、原語の colorful だけで、日本語の意味はほとんどない。多少とも英語を知っている人にとって、colorful とは、色彩に関係のあることばらしいことが分る。カセット「カラフル」は、この不十分な理解を、不十分なままで固定し、価値を与える。そして、その意味の理解が不十分であることを問題にさせない。

次に、このように価値づけされた「カラフル」は、「説得」を修飾し、価値を与える。「説得」が、何かしら色彩に関係があって、価値がプラスであれば、それはすばらしいことである、というような印象を与える効果をもつ。そして、この効果は、「カラフル」イコール colorful である、と意識したときの意味の矛盾をかくしているのである。

8　意味の矛盾が、カセット効果をひき起す

カセット効果が、意味の不十分さや、意味の矛盾をかくす、ということは、逆の面からみれば、あることばに、意味の不十分さや矛盾があるから、カセット効果が生じたのだ、ということなのである。不十分であり、矛盾であるにもかかわらず、ことばとしての資格が形式上与えられている。いわば、その間隙を、カセット効果が補う働きをする。そして、補う、という補助的役割以上の働きをしてしまうのである。

たとえば、前述の例で、「自由の権」ということばがある。このばあい、「自由」ということばも、「権」ということばもカセットのことばであるが、「権」ということばに焦点をあてて考えてみよう。

「権」ということばは、伝統的な語感からいって、本来「自由」ということばと結びつきうることばではない。にもかかわらず、この「権」が、「自由の」ということばで修飾されている。この文句を受けとめた読者は、この文脈上の矛盾を、語感として、直感的に感じとる。矛盾を感じて拒絶してしまえばそれまでであるが、たいていは、とにかく受けとめる。ことばは、れっきとした日本語の文字の形をとって、文法上の位置を与えられて、そこに存在しているからである。

カセット効果は、ここで働く。それは、ことばの文脈上の形式的均衡 Formal Equivalence が、文脈上の意味の均衡、すなわち、原語との関係でいえば、動的な均衡 Dynamic Equivalence が欠如していることを補う働きをしている、ということができるだろう。

だが、形式的な均衡だけでは、意味の不均衡を補い切ることはできない。ことばには当然意味があるはずだ、というゆるぎない常識の前提が、意味の欠如を何とか補おうとする。何か、まだ自分には知られぬ意味があるに違いない、と感じる。それは、次第に意味づけられてくるようなものではなくて、目の前のことばの中に、すでに十分に存在していなければならない。「未だ原語の意義を尽すに足らず」であるが、そのうちに尽すようになるであろう、ではいけないのである。カセット効果とは、意味がすでに十分にあるはずであるが、まだ知られていない、あるいは不十分にしか知られていない、と感じられていることばの効果なのである。

カセット効果を生みだす意味の矛盾とは、まず、文脈上の矛盾として存在している。矛盾は、よく考えればあるにもかかわらず、カセット効果がすでに働いている以上、気づかれず、かくされている。

カセット効果を生みだす文脈上の意味の矛盾は、次に、カセットのことばじしんにおける、内部の意味の矛盾をひき起すことになる。「自由の権」という文句の、「自由の」と「権」との間の意味の矛盾は、「権」ということばじしんの意味の矛盾となる。それは、「権」ということばが、この漢字によって伝統的に担い、現に担っている意味と、文脈から与えられている意味との矛盾である。文脈から与えられている意味とは、「権」が right であることを期待されているような意味である。

こうして、「権」ということばには、漢字のもつ日本語の意味と、翻訳語として不十分ながらももっている right の意味とが、共存し、混在している。それは、よく考えれば矛盾をひき起すようなあり方で混在し、それが、全体として、カセット効果によってかくされているのである。

これが、前掲第4図で示されているわけである。

ただ一つのことばが発言され、カセット効果を持っていることもある。「自由」という一語もそういう効果をもちえたであろうし、「ビューティフル」や「自然」も、今日私たちのまわりで、そういう効果をもっている。このようなばあいには、この「自由」や「ビューティフル」を受けとめた人にとって、ことばの意味が不十分に理解されているのであるが、重要なことは、やはり、これらのことばが発言される文化的文脈における意味の矛盾である。たとえば、街頭で、「ビューティフル」と発作的に発言したとすれば、この「ビューティフル」は、街頭という文化的文脈に対して矛盾している。そこから、カセット効果が生みだされるだろう。

以上の私の論理から言って、たとえ翻訳語であっても、文脈上、ことばの意味が十分であり、ことばとことばとの間に意味の矛盾がないならば、カセット効果は生じない。たとえば、The sky is blue. を、「空が青い」と翻訳したとき、「空」は sky の翻訳語であっても、カセット効果は生じていない。これに対して、翻訳語ではなくても、意味が不十分なことばで、文脈上の意味に矛盾があれば、カセット効果が生ずる、と考えられる。たとえば、「東京には空がない」という文で、「空」ということばには多少なりとカセット効果がひき起されている、と考えられるのである。

以上述べてきた私のカセット効果の理論については、第二章以下で、実例にあたりながら、もっと詳しく展開していきたいと思う。

四、「外来語」は日本語の翻訳語である

1　外来語流行は、外国崇拝のためか？

これまで私が説いてきた問題の、ことばの現象じたいについては、従来少なからぬ人々が指摘してきた。はじめに紹介したように、ことばの「誤用」「濫用」を、病理現象として批判する人々である。この現象を、私は、もっぱらことばの問題として、しかもまともな生理現象として考察してきたのであるが、もちろん、ふつうはこう考えられていない。病理現象である、と考えられている。では、そう説く人は、そのような病理はなぜ起るのか、という問いに対して、かなり漠然とではあるが、たいてい、先進文化

へのあこがれ、というような事情を指摘する。ことばの病理現象の原因を、ことば外の原因に求めるのである。もちろん、「病理」という診断じたいが、外的な原因を、必然的に求めることになるのである。たとえば、次のような意見がある。本書の冒頭に引用した意見と同じように、日本の知識人の多数意見、いや、おそらく私一人を除くすべての意見の代表として、ここにとりあげるのである。たまたま、手もとにあった書物を広げて見つけたのである。

だが、外国文化を取り入れ、外国語を学ぶさいには、いつの時代にも往々にして、外国崇拝からくるゆきすぎを生ずる。なんでもかでも外国語を取り入れて使わねばおさまらなくなるのだ。ポルトガル語やオランダ語が、たとえしばらくのあいだであったにせよ、また小範囲の人々のあいだであったにせよ、何百、何千と取り入れられ使われていたということも、その一つのあらわれにほかならない。特に一九四五年八月十五日の終戦以後、こんにちまでの日本における外来語のはんらんは、そこに大きな原因をもっていはしまいか。

……　……

いまの日本人は、だれもかれもが英語を勉強する。フランス語をかじる。それはそれでよい。ことばをまずおぼえて、それを通して、文学なり、美術なり、その背後にある文化を学び、日本人の生活万般をゆたかにし、向上させようというのなら。ところが、それだけではおさまらない。習いおぼえた英語なり、フランス語なりを、こんどは日本語の中に織りこんで使ってみたくなる。新奇をねらい、新鮮な感じをもりこみ、人目をひこうというためである。言おうとする対象は同じでも、べつの新しいことばがほしいのである。（矢崎源九郎『日本の外来語』岩波新書）

ことばの問題については、何よりもまずことばじたいの構造のうちに、説明を求めていくべきである、と私は考える。「外来語のはんらん」の原因については、「外国崇拝からくるゆきすぎ」や、それに伴う「新奇をねらい、新鮮な感じをもりこみ、人目をひこうというため」も、一応は考えられるであろう。だが、ことばに対するそのような影響は、直接的ではない。社会的、あるいは思想的な影響は、必ずことばの問題に翻訳され、ことばの構造上の問題としてとらえられるはずである。「外来語のはんらん」は「外国崇拝」のためである、と説明することは、私たちのことばの重要な問題から目をそむけさせることになる、と私は考える。少なくとも、それは、ことばの研究者にとっては問題からの逃避であろう。いったい、「外来語」とは、果たして「外」から「来」た「語」であるのか。外から来た外国語であるならば、「外国崇拝」で説明することもできるであろう。しかし、いわゆる「外来語」とは、「外国語」ではない。横文字のことばではなく、カタカナのことばなのである。

私たちの、いわゆる外来語は、ある視点から見るならば、一見氾濫しているようでいて、その氾濫の場は、きわめて限られているのである。外来語は、代名詞にさえなることはできない。それは、私が本書の冒頭以来説いているように、名詞、サ行変格の動詞、形容動詞に限られるのである。すなわち、それらは、明治以前から、日本文が漢字のことばを受け入れるためにあらかじめ備えてきたことばの座である。外来語と呼ばれるカタカナのことばは、そのあらかじめ備えられた場に、漢字に代わって座を占めたにすぎないのである。

2　外来語も、漢字のように意味を伝える

私たちのいわゆる外来語は、その文法上の働きからみて、また、文脈上の意味の働きからみて、明治以前の頃から私たちの日本文が受け入れてきた漢字のことばと、本質的には同じようなことばである、と私は考える。それは、とくに明治以後、次第に同じような性質になっていったのである。

漢字は意味を伝える、が、外来語は発音だけ伝えて意味を伝えない、とふつう考えられている。果たしてそうだろうか。私の考えによれば、翻訳語としての漢字は、明治以後、現代に至るに従って、意味を伝えなくなっている。他方、外来語は、意味については、次第に意味を伝えることばになってきているし、また、発音は一向に伝えていない、と言ってもよいであろう。

まず意味について見てみよう。

本書で前に引用した「外来語」批判者は、次のように述べている。これもまた、おそらく日本知識人の代表的意見であろう。

「哲学」や「科学」が〈philosophy〉や〈science〉の訳語として創られたのはいつのことか、正確には知らないが、一つには明治時代の先人たちがこのように苦労して創りあげた夥しい訳語のお蔭で

現在私たちは〝近代化・西洋化〟した日本の国内で、あまり西洋との乖離を感じることなく、しかも依然日本人として生活してゆくことが出来るのである。

……　……

……明治時代の知識人たちは、外来語を片仮名でそのまま表記しないで漢字に変えるという知恵をもっていた。「ガラス」を当て字だが「硝子」としたのがその最も一般的な例である。「ピアノ」を「洋琴」、「オルガン」を「風琴」、「アコーディオン」を「手風琴」としたのは、「硝子」の場合と違って、「電気」と同じような完全な翻訳・日本語化であるが、「ワシントン」を「華府」、「ハリウッド」を「聖林」と表記したのは、翻訳ではなく、おそらく原語の発音は殆どそのままで、表記だけを簡単に漢字化したのであろう。（中村保男『翻訳の技術』中公新書）

筆者は、「ワシントン」を「華府」とするような音をうつした翻訳語とは区別して、「philosophy」を「哲学」とし、pianoを「洋琴」とするような翻訳を、「完全な翻訳・日本語化である」と言う。

しかし、「哲学」ということばは、明治初期、漢籍の教養をもった人々にとっても、意味の乏しいことばであった。要するに、それは「学」の一つであって、今まで日本にはなかったような内容の学問なのだ、といったていどの意味であった。まして、今日、多数の日本人にとって、「哲学」の「哲」ということばは、それじたいでは何の意味ももっていないに違いない。「哲学」と「テツ学」とでは、漢字とカタカナという形式以外に、何ら違いはない、と言うべきであろう。

また、「洋琴」という漢字は、piano の意味を、どれほど伝えているであろうか。西「洋」の「琴」のような楽器、ということになるであろうが、そのイメージは、piano と一致するであろうか。それよりも、カタカナの「ピアノ」ということばじしん、ピアノの普及という背景や、義務教育でも piano ということばを習う、という事情によって、かなり豊かな意味を、日本語の文脈の中で持ちはじめているのである。こう考えてくると、漢字の「洋琴」よりは、カタカナの「ピアノ」の方が、今日では意味の多いことばだ、と言った方がよいであろう。

漢字の意味による翻訳語は、「完全な翻訳・日本語化」であるが、カタカナの音による翻訳語は、「外来語」にすぎない、という一般の常識は、その意味の面から考察してみると、多分に疑わしいのである。

3　外来語の音は、日本語の音である

では、音に関してはどうか。漢字の翻訳語は原語から全く離れているが、カタカナの外来語は、原語の音と、まったく等しくはないにしても、かなり近い、と言えるであろうか。

英文学者・佐伯彰一は、次のように語っている（「朝日ジャーナル」八六六号）。

僕が教えたアメリカ人でかなり日本語ができる学生ですが、「日本語で何が一番むずかしいか」と聞くと、片カナの日本語だという。たとえばワイシャツと言ったって何だかわからないし、デパートとかデモクラシーとか言われても何だかわからない。漢字ならば、その組み合わせについて、ある程

度の推測もできますけれども、片カナのときはいちいち日本語の字引を引くほかはない。引いてみた結果それがもともと英語であったということを発見してがっかりしますから、二重にわれわれは片カナ語に悩まされます、というのです。

「ワイシャツ」は white shirt ではない。「デモクラシー」は democracy ではない。発音がまったくと言っていいほど違うのである。それは、イギリス人やアメリカ人にとって、「何だかわからない」のである。

カタカナの、いわゆる外来語の音は、もともと外国人に「わから」せるための音ではない。私たち日本人がわかるための音である。私たち日本人が発音可能であり、聞き分けられるように組み立てられている音なのである。

たびたび引用する「外来語」の「誤用、濫用」の批判者は、「外来語」の音について、こう述べている。

……一体「ディベロパー」とは何語なのだろうか。どうせ英語を使うのなら、正しく「ディヴェロッパー」とすべきなのだが、「ヴ」の文字を――ついでに発音も――「ベ」や「バ」や「ビ」に変えてしまう良くない習慣は、古くは「バイオリン」、近頃では「テレビ」などで定着してしまっている。前に述べた「――ティック」を「――チック」と表記し発音するのと同じように、これは困った現象

である。(中村保男『翻訳の技術』中公新書)

続けて、筆者は、「テレビ」は「テレヴィジョン」と、「トイレ」は「トイレット」と、「ベトナム」は「ヴィエトナム」と、「正しい発音で使」うべきである、と論じている。

テレビ、トイレ、バイオリンなど、すでに定着したカタカナ表記に対して、ここまで厳しく言う人はそう多くはないかも知れないが、カタカナの翻訳語を「外来語」である、とする前提からすれば、やはり当然の主張であろう。

ここで指摘されているような「困った現象」は、これこそ私たちのカタカナことばが、「外」から「来」た「語」ではなく、日本語であることを物語る事実である、と私は考える。ことばの問題は、まず事実の問題である。事実を無視し、圧倒的な事実を病理と斥け、規範で片づけようとするのは有害無益である。「一体『ディベロパー』とは何語なのだろうか。」――日本語である。今日の日本人の大多数が、「ヴ」の発音を言い分けられず、聞き分けられない以上、「ヴァイオリン」と表記するのは間違いである、と私は考える。

「テレビジョン」や「トイレット」が、「テレビ」、「トイレ」と一般に言われるのは、それが、日本語であるために、日本語の文脈になじみやすい音節数に変化させられていったのである。

4　外来語と漢字は同じ性質のことばである

以上、私は、いわゆる「外来語」が、漢字の翻訳語と、本質的に同じであると述べてきた。それは、文法上の機能の点でも、意味の上でも、音韻の面からみても、多分に共通している。二つは、漢字とカタカナという、表記法の表面上の形式以外に、違いを指摘することがむつかしいのである。

私たちのカタカナことばは、「外来語」ではない、と私は考える。それは、漢字の翻訳語と同性質のことばである。従って、カタカナことばの「誤用、濫用」現象を、「外国崇拝」で説明するのは、当を得ていない。第一に、それは「崇拝」というような、ことばの外の原因によるのではない。そして、「外国」のことばであるから、という原因によるのでもない。

見方によっては、間接的に、外国のことば、文物の影響、ということを考えることはできるであろう。そうであると言うならば、漢字の翻訳語もまた、同じように外国の影響をこうむっているのである。

そのように考えるならば、ことばの「誤用、濫用」現象は、今日だけのことではない。明治以後のことでもない。カタカナことばや翻訳漢字などを、容易に受容可能にしてきた日本文の構造が形成されて以来のことである。すなわち、遠い古代、奈良時代以前からのことなのである。

五、ことばの本質とカセット効果

1　ことばの「意味」と「効果」

ことばとは何か、という問題を、ここでしばらく考えてみたい。もちろん、それは大きな問題であって、しばらくふれただけですますことはできない。前章で、私は、ことばのカセット効果とか、カセットのようなことばという特殊な表現で、あることばの現象を説いた。それは、決して特殊・例外の現象ではなく、現に私たちの周囲のいたるところで体験されている、と私は考えている。ただし、見過ごされてきた。このような現象に対応できるような理論がなかったからである。ふつうのことばに関する理論は、翻訳というような問題は前提においていない。それはそれで、もっともなのである。しかし、私たち日本のことばに関しては、事情は異なる。翻訳語は、大量に、長期間にわたって、私たちのことばの世界に侵入し、氾濫している。それは、次から次へ新しく立ち現われ、消え去っていくように見える。そのようなことばの現象を、翻訳語の存在を前提としないことばの理論でとらえることができるだろうか。

そこで私は、カセット効果という一つの仮説を提出したのである。「カセット」ということばじたいは、私の思いつきであるが、考え方は、決して一時の思いつきではない。それなりの深い根拠がある、と考える。新しい考えを提出した者は、必要な限りで、その根拠についてもふれておかなければならない。

カセット効果とは、そもそも意味が欠けていることば、意味が不十分なことばのもつ効果のことである。意味が欠けていることが、逆に効果をもつ。意味が欠けていることが、意味をもつ、と言ったのではおかしいので、「効果」という表現を使った。そこで、ことばの意味と、ここで言う「効果」とは、正反対の方向に働いているわけである。事実、ことばに意味が不完全になり、乏しくなればなるほど、逆にカセット効果は増大する、と私は考える。意味と、この効果とは反比例する、と言ってもよい。

この考えをつきつめていくと、その極限に、意味ゼロのことばがある。意味ゼロのことばとは何なのか。それについて、まず考えておきたい。それは、私の考えの、理論上の大前提である。

いったい意味のないことばがありうるのか。どんな言語学説も、意味のないことばは問題にしていない。ことばが問題にされるのは、意味によってだからである。しかし、意味が問題にされるその直前のあたりを見ると、それはことばの形成の直前のあたり、ということになるのだが、無意味の問題は、かすかに見えてくることがある。たとえば、ソシュール **F. de Saussure** は、ことば以前の世界は、原始の混沌、カオスであり、ことばがなければ、私たちの意識に映ずる世界は、形なく、混沌としている、と言っている。

私がここで問題にせざるをえないのは、そのカオスと、意味形成との中間あたりにひそむ問題なのである。それは、ことばの始源の問題であり、開き直って言えば、およそ文明の始源の問題なのである。

2　無意味なものが重要である

いったい、カオスからすぐに意味が始まるのだろうか。ことばがカオスを切り取り、分節化する、**articuler** するとは、意味形成の手段であろうか。そこには、カオスを切り取ることじたいの、独立した、ある意味があるのではないか。それを私は「効果」と言うのである。

たとえば、生まれたばかりの赤ん坊が、意味のまったくないお喋りをする。口を動かすと音が出てくる。その音が、やがて母親の口まねをすることで、ある一定の形を与えられる。一定の口の動きが、一定の音の形をつくりだす。それは、とにかくおもしろい。おもしろいらしい。それはすなわち意味である、と言えるだろうか。

身近な体験で言うと、紙の上に、ある一つの文字を書く。たとえば、「書」という字でもよい。それを紙の上にくり返し書いていると、そのうちに、ふと奇妙に見えてくる。形は確かに「書」なのだが、どうも「書」ではないような、不思議な感じである。誰かも同じことを言っていた。夏目漱石だったか、と全集をめくってみたが見いだせなかったが、それは奇妙な感じで、ひっかかるのである。

なぜ、そのような感じが起るのか。私の考えでは、「書」という文字をふだん見るときは、字の形など、しげしげと見はしない。字を見ずに、というより、チラと見たら直ちにその意味を見る。意味を読み取ったら、それで終りである。ところが、意味の必要がないのにくり返し書いていると、あるとき、ふと、今まで見逃していた字の形そのものが見えてくる。意味抜きの字の形だけが現われる、という体験をしているわけである。これは文字の形の体験だが、喋ることばならば、意味の抜け落ちた発音だけを聞く、という体験になるだろう。

意味の抜け落ちた形や発音は、つまらないものであろうか。それは無意味である。無意味とは、つまらないということか。無意味とは、意味を期待したのに、その期待が裏切られた、ということであろう。

「ナンセンス」とは、失笑や怒りの文句である。

ところが、はじめから意味を期待していなかった者にとっては、そうではない。人間が、形や音そのものに直面するのは、奇妙な気分である。奇妙ではあるが、何とも知れずひっかかる。このひっかかった気分が、重要なのだ、と思う。それは、向う側の、形や音そのものと直面したときの感動である。ものそれじたい Ding an sich と対面しているのだ、と言ってもよいであろう。

3 意味の世界は閉じている

今日の前衛芸術では、このような形そのもの、音そのものがひき起す感動が、とても重要視されている。周知のように、近代以後、絵画でも音楽でも、形や色のもつ意味、音のもつ意味というものが根本的に疑われた。それらは、人間世界の、特定の歴史における約束事である、と批判された。時代の前衛を自負する画家や音楽家は、形や音を、約束事の意味から意識的に切り離そうとした。結果として、形や音それじたいの姿が、自ずと現われてきた、と言えるであろう。絵画で言えば、ピカソ以後、抽象絵画と言われる一派の作品がそうであり、音楽では、シェーンベルク以後であろう。

たとえば、展覧会に出かけると、観客の前に、不思議な形の物体がある。通常、そういう物体を前にしたときの私たちの反応は、これは何だ、という問いであろう。形の意味を問うのである。これに対して、もちろん作者は、そのような問いを拒む。作品を前にしたときのことばは、質感とか、構成とか、意味を離れた抽象的な文句であって、それが辛うじて形をとらえようとするのである。

ところで、観客の、これは何だ、という反応は、不思議な物体を前にしたときの、瞬間的な、直接の反応であっただろうか。その間にひと呼吸おいているのではないか。そのひと呼吸の間に、物体から観客に向って直接のある感動が走り、それが観客をまごつかせた。そして、一瞬の後、これは何だ、という問いとともに、観客はすでに立ち直っているのである。

展覧会は、芸術作品が並んでいるところであるから、このような体験は、これで一応終る。不可解な物体にも、結局「芸術」とか「作品」ということばが与えられ、意味づけが完了する。

もし、同じようなことが、日常生活の場で不意に起ったらどうであろうか。私たちは、そこに何らかのことばを置かないではすまさないだろう。しめ縄を張って呪文を唱えるか、UFOと名づけるかは、その時代の形式によって異なる。いずれも、ひと呼吸おいて後の反応であるに違いない。

いわば、このひと呼吸の間が、私の問題の中心なのである。それを、私はカセット効果と名づけたわけである。

ひと呼吸おいた後の私たちの仕事は、その未確認物体の意味づけである。意味づけは、通常、儀式とことばとを伴っている。しめ縄と呪文とであり、調査と発表の間の一定の手続きなどである。ここでは、ことばだけを問題にしよう。

意味づけは、その未確認物体そのものに対して行なわれる。それは、今まで知っていた世界の秩序のどこかに位置づけられる、ということである。人々の知識の倉庫に、一つ新しいものが増えた、ということになる。

しかし、それで終ると考えるならば一面的である。未確認物体は、今までの世界の秩序に対しても働きかける。新物体の意味づけは、秩序そのものを変える。呪文を必要とするようになった社会は、以前と同じではない、あるばあいには、しめ縄の彼方の存在を中心として、秩序は再編成されるだろう。UFOを問題にし始めた人々は、地球人のできることの限界を知り、ひそかに恐れるかも知れない。あるいは、それは仮想敵国への恐怖心をかき立て、軍事費を増大させるかも知れない。未確認物体は、それが未確認であればあるほど、意味づけによる意味の再編成に与える影響力は大きいのである。

私たちの生きている意味の世界には、隙間がない。身のまわりを見まわして見て、意味の与えられていない物体は一つもないことは、すぐ気づかれるだろう。未確認な存在がもし出現すれば、未確認と意識されて、しかも意味づけられない、ということはとうていありえない。意味とは必ず一つの閉じた全体に向う。それは、私たち人間の頭脳の構造に深く根ざしているに違いない。

4　意味の断絶としてのカセット効果

カセット効果とは、未知なことばに直面したときの、ひと呼吸の間の出来事である。ひと呼吸後、読者はそのことばを意味づけ、あるいは、そのことばを含む文脈全体の意味を再編成する。この意味づけが、もし完璧に行なわれるならば、カセット効果はそれで消え失せるはずである。が、通常そうはならない。とくに翻訳語のばあいはそうはならない。直ちに行なわれた意味づけは、完璧ではありえないからである。

しかし、意味づけは、とにかく一応行なわれる。それは、よく考えてみれば矛盾を露呈してしまうような、いわばつぎはぎの構造である。つぎはぎではあるが、構造は一応閉じている。だから矛盾については気づかれない。後に、私はいくつも具体例を挙げて指摘するが、一定の意味づけが与えられてしまうと、それがいかに重大な矛盾をはらんでいても、まず気づかれない。

しかし、文脈上の意味の矛盾は、事実ある。気づかれないということは、存在しないということではない。事実ある矛盾は、時に表面に現われようとする。現われようとしながらかくされる。問題のことばには、いつでもこのような緊張関係があり、それがかくされたまま読み過ごされ、理解されていく。このような矛盾をかくす働き、それもまた、私はカセット効果と呼びたい。はじめのひと呼吸の出来事は、表に出ずに、表面の構造を支える内部の構造として続いている、と考えられるからである。

文脈の整合性ということは、私たちは頭だけで考えているのではない。場違いなことばが文脈中に居坐っているとき、私たちはむしろ直観的に、おかしいと感じる。語感のずれである。このずれは、文章に接する新しい読者はきっと気づく。そこでまたひと呼吸の出来事が起り、意味づけが行なわれ、カセット効果はかくされる。同じようなことは限りなく行なわれ、くり返されていく。新しく参加してくる読者、つまり日本の若い読者たちは、世代を継いで、くり返し、同じようなことばの体験に出会っているのである。

私たちは、ものそのもの、ことばそのものにとりまかれていながら、容易にそのことには気づかない。前に挙げた文字の例で言えば、たとえば手もとの文字をただ眺めても、年中眺めていても、文字の形そのものにはめったにお目にかかれないのである。

私たちは、周囲のあらゆるもの、あらゆることに、意味のカーテンを張りめぐらし、そのカーテンを眺め、カーテンを通して事物を眺めている。たまたまカーテンに少し隙間ができたりすると、びっくりする。大急ぎでつくろってしまう。

日本語の文脈における翻訳語は、いわば意味のカーテンのところどころにできる隙間である。あるいは、つくろったあとのつぎはぎである。

私の言うカセット効果は、この例で言えば、三つの段階に分けて考えることができる。第一に、意味のカーテンの隙間そのものである。つまり、意味の乏しい、意味の不十分なことばそのものの存在である。どこか奇妙な、違和感のある存在である。

第二に、カセット効果とは、意味のカーテンのつぎはぎである。すなわち、文脈上の他のことばとの間でとりつくろわれるつじつまである。つじつまは、よく考えればどこかおかしい。多くのばあい、論理の矛盾として指摘することができる。

そして、第三に、カセット効果は、カーテンのたとえでは少し無理なところもあるが、つぎあてのためにカーテン全体に生じたしわのようなもの、である。すなわち、カセットのことばを中心として、文脈全体の意味を変換させるのである。

5　次章に向けて

さて、以下では、私は、明治初期の頃を中心とする時代の、いくつかの翻訳語をとりあげて、そのカセット効果について考察したい。それぞれのばあいに、私の考察では、ことばがふつう考えられている意味と違っている、という事情を指摘することになる。従って、そのようなことばを重要なテクニカル・タームとして使っている思想や文学の見方が変わってくることになる。

本書における私の考察は、構造主義の考え方に負うところが多い。まず、私の考察では、ことばの意味を考えるにあたって、そのことばが使われている文脈上の意味をもっとも重視する。そして、その文脈とは、いつでも一つの閉じた構造をもっている、と考える。文脈は、ふつうの意味の直接に文をつくっていることばの文脈と、もっと広い文化的・社会的文脈とが考えられる。一つのことばの意味とは、広い文脈におけるもので、文脈上の意味と、限定なしに言っているばあいは、狭い文脈上の意味のことである。

これに反して、ことばの語源上の意味、歴史的意味は、ほとんど考えない。それは、その時代の文脈のうちに生きている限りで問題にする。たとえば、「権」ということばの、語源上の意味は、はかり、ということである。この意味は、幕末・明治初期の人々が知っている「権」の意味のうちには、ほとんど生きていない。間接的には意味のつながりがあるが、その脈絡を、歴史をさかのぼってたずねていく、ということは私はやらない。構造主義の用語で言えば、diachronique「通時的」な見方をとらず、synchronique「共時的」な見方を重視するわけである。

しかし、他方、同じ時代のことばではあっても、翻訳語とその原語とは、別々の文脈の、別々の構造のことばとして考える。これは、よく考えてみると当然のことのようであるが、一般には支持されていない。翻訳語とその原語とは、同じである、または、同じはずである、または、同じになりうるはずである、というのは、日本知識人の抜き難い通念である。その通念が、いかに根が深いかは、本書の私の指摘が意外であると感じられる度合に比例するであろう。この通念を打ち破りたいために、私は本書を書いたのだ、と言ってもよい。

本書の考え方は、構造主義と共通するところが多いが、もっともだいじなところで、構造主義とは相いれないい、と思う。それは、カセットという概念そのものである。カセットとは、いわば構造以前の問題であろう。そして、一つの構造が、異質な要素の侵入によって、矛盾を生じ、もう一つの別の構造を造りだしていく構造の変換をひき起すとき、カセットはその異質な要素となり、構造変換の動機となっている。

私の言う「変換」は、ふつう変形とか、変換とか翻訳されている transformation とは違う。transformation は、窮極的には同一の構造 structure に帰着されるような変化である。あるいは、同一の構造を保存したままの変化である。私がここで言っている変換は、まったく異質の構造を造りだすのである。文の意味の構造は、「効果」という意味以前の働きによって、別の意味の構造に変換されるのだ、と考えるわけである。

以下の考察は、カセットという概念を縦横に用いて説明し、ところどころ、構造主義の用語で言えば、こう言うことができる、という説明が加えてある。その用語については、あまり詳しい解説はつけていないので、その部分は、あるいは分りにくいかも知れない。それは、別の、適当な書物で理解していただきたい。

第二章　翻訳語「権」

一、「権」以前の right の翻訳語

1　right の翻訳史

right を、「権」、「権利」、「権理」「権義」など、「権」という字で翻訳するようになったのは、幕末頃からのことであるが、とくに西周と津田真一郎が、これを定着させたのである。私の見る限り、この翻訳語は、その後日本人が right の意味を理解する上で、ある重要な方向づけを与えてしまった、と思う。「権」という翻訳語によって、私たちは right を誤解してきた、と言ってもよい。が、翻訳とは、しょせん誤解である。私たち日本人は、私たちなりに right を理解したのだ、と言うのがよいであろう。

この考察に入る前に、西や津田が「権」の文字を宛てる以前の、right の翻訳史について、眺めておこう。それ以前には、「権」という字が宛てられたことは、ほとんどなかったのである。

安政二年から五年にかけて（一八五五～一八五八年）出版された『和蘭字彙』によると、英語の right に相当するオランダ語の regt の訳として、かなり多くの訳語とその用例があげられている。順に見ていくと、政治または法律、国法、裁判所、捌キ方、公事、真直ナル、真ノ、真向フニ、其通リデアル、などである。今日私たちが「権利」と翻訳していることばの意味に対応する訳語は、ここにはない。ところが、この「公事」と、「真直ナル」との間に、regt ということばじしんの訳語は書いてないが、als（次のごとし）と書いて、いくつか用例が挙げられている。その訳語を見ると、regt が、「主トナルベキ筋」と訳されていることが分る。たとえば、

Ergens regt toe hebben of toegeregtigd zijn.
或ル事ニ主トナルベキ筋ヲ持テ居ル

のように訳されている。「主トナルベキ筋」とは、今日私たちの使う「権利」であり、なかなか考えた訳語であった、と思う。

文久二年（一八六二年）の『英和対訳袖珍辞書』では、right の訳語は、廉直ナル事、捌キ方、右手、だけである。元治元年（一八六四年）の『仏語明要』でも、droit の訳語では、法令、律令、政治科、だけである。今日言う「権利」の意味をとらえるのが、当時の日本人にとって、いかにむつかしかったか、が分るようである。

ところで、津田真一郎は、西周とともに、これを「権」とか、「権利」などと訳すことになるのだが、その初期、オランダに渡ったばかりの頃、「本分」という訳語を使っていた、と考えられるのである。文久二年、オランダに渡った西と津田は、レイデン大学の教授シモン・フィッセリングの教えを受けることになる。そのとき、フィッセリングが、二人に、学習に関して覚書を与え、その翻訳が残されている。その中に、次のような部分がある。

此学ニ属スル学科五
其一　天然ノ本分　ナツゥールレグト
其二　民人ノ本分　フォルケンレグト
其三　邦国ノ法律　スタートレグト
其四　経済学　スタートホイスホウドキュンテ
其五　経国学　スタチスチーキ

この覚書は、津田真一郎宛になっており、『西周全集』の編者、大久保利謙氏は、筆蹟からしても津田の翻訳であろう、と言う。

ここで、其三、其四、其五の訳はまあよいとして、其二は誤訳と考えられる。『フォルケンレグト』Volkenregt とは、今でいう国際公法である。おそらく Volken を「民人」と誤解したために、次の

regt を、法律の意味でなく、今日の「権利」の意味にとったのであろう。従って、この「本分」とは、今日言う「権利」の意味の翻訳語であったと考えられるのである。同じように、「ナツゥールレグト」Natuurregt を、「天然の本分」と訳したのも、「天然ノ法律」とすべきところを、誤解した、と考えられる。

2　ヘボンの翻訳語

慶応三年（一八六七年）に出た、ヘボンの『和英語林集成』によると、right の項には次のように書いてある。

RIGHT n. Dōri; michi; ri; gi; zen; suji; hadz; beki

つまり、「道理、道、理、義、善、筋、はず、べき」である。ここで、今日の「権利」に対応する翻訳語はどれか。

right の名詞には、大きく分けると、道徳的な正しさ、という意味と、今日の「権利」の意味と、それから、右側などの意味がある。また、英語の right には、オランダ語の regt や、フランス語の droit における、法律というような意味はない。

『和英語林集成』の著者ヘボンは、英語の right における「権利」の意味の重要さをよく知っていたはずである。その点は、『英和対訳袖珍辞書』の著者、堀達之助や、『仏語明要』の著者、村上英俊とは、はっきり違っていたに違いない。今日言う「権利」の意味は、ここに明らかに訳出されようとしていたはずである。

ここで問題は、この訳語中、どれが道徳的正しさの意味であり、どれが「権利」の意味であるのか、という点である。一応考えられるのは、「道理、道、理、義、善」までのはじめ五つが前者で、「筋、はず、べき」の三つが、後者だと分ける見方である。

果たしてそうだろうか。

「義」は、同じ頃、福沢諭吉が、「通義」ということばを使って、今日言う「権利」の意味に充てていた。「義」も、「筋」も、「べき」さえも、多分に道徳上の正しさという意味を含んでいる。他方、「道」や「理」にも、道徳上の正しさ以外の意味で、事実上の正しさというような意味が含まれている。「理」は、朱子学の用語では道徳上の正しさ、と、宇宙の根本的なあり方、という意味に使われている。ものごとの筋目、という意味で、「筋」とは多分に共通している。

ヘボンの辞書のことばは、日本人がそのつもりで使っていることばを探して書いた、というよりも、日本語のうちから、原語に対応することばを探して書いた、という傾向が強い。

つまり、ヘボンがここに、「道理、道、理、義、善、筋、はず、べき」と並べたことばは、どこまでが right の道徳上の意味で、どこまでが法律上の意味か、どれが道徳上の意味で、どれが法律上の意味か、という区別をつけにくいのである。

ここで、明治十九年に出された、ヘボンの『和英語林集成』の第三版を見てみよう。right の項は、次のように改められている。

RIGHT n. Dōri, michi, ri, Kōgi, Kōdo, Ken, Kenri, gi, zen, suji, sujiai, hazu, beki

つまり、「道理、道、理、公義、公道、権、権利（または権理）、義、善、筋、筋合い、はず、べき」となる。ここでは、どこまでが道徳上の意味で、どこから以下は法律の意味か、もし前後で二つに分けるなら、少なくとも、「権」と「権利」以下を一つに考えなければならないだろう。それらは、明治十九年の頃には、かなり定着した、今日言う「権利」の意味のことばであったのだから。すると、「義」や「善」はどうなのか。「義」もまた、「通義」として、福沢諭吉が使い始めて、かなり有名な「権利」と同じ意味のことばとして、この頃でも使われていた。すると、「公義」はどうか。

ここでも、と言うよりも、ここでは、初版のばあいにくらべて、かえっていっそう、right の二つの意味が混在されて並べられているのである。

思うに、ヘボンにとって、right の意味における、道徳上の正しさと、法律上の正しさとは、確かにすでに別のことであった。だが、この二つは、自然法以来の西欧の思想の歴史の中で、もともと一つの根から出ていたのであり、ヘボンの時代でも、そのことは語感としてとらえられていたであろう。right という一つのことばを語る人々にとって、道徳上の正しさと、法律上の正しさとは、もとのところで一につながっていたが、やはりはっきり区別されていたに違いない。

これに対して、当時の日本の伝統的思想は、道徳上の正しさと、法律上の正しさとを、根本的には区別していなかった。このような日本語の前で、ヘボンはおそらく当惑したであろう。この言語体系の中で、この二つはいったいどう区別されるのか。

結局、区別されていないことがらを、強いて区別しようとしても無理なのである。ヘボンの right の訳語では、初版の「道理、道、理、義、善、筋、はず、べき」のそのおのおのについて、程度の差はあっても、二つは混在された意味と受けとめられていた、と見るべきではないか。

すると、こう考えた上で、三版の「道理、道、理、公義、公道、権、権利(または権理)、義、善、筋、筋合い、はず、べき」をふり返ってみよう。明らかに異質な、道徳上の正しさという意味を含まないことばが、ここにはある。「権」と、「権利（又は権理）」である。

「権」や「権利」など、「権」ということばは、従来の道徳優位の価値体系に対して、全く異質の価値体系を表現することばであった。私たち日本人はそう感じ、そう感じることで広く普及したのである。それはいいことであったか悪いことであったか、幸か不幸か、は、私は問わない。とにかく、従来ことばの通念のかげにかくれていたこの事実を明らかにしなければならない。

3　福沢諭吉の「通義」という翻訳語

福沢諭吉は、この right ということばを、liberty と並んで、重要でかつ翻訳困難なことばであると痛感していた。すでに引用した慶応二年（一八六六年）の『西洋事情二編』で、「リベルチ」に続いて、こう述べている。


第二　「ライト」とは元来正直の義なり。漢人の訳にも正の字を用ひ、或は非の字に反して是非と対応せしもあり。正理に従て人間の職分を勤め邪悪なきの趣意なり。

又此字より転じて、求む可き理と云ふ義に用ることあり。漢訳に達義、通義等の字を用ひたれども、詳に解し難し。元来求む可き理とは、催促する筈、又は求めて当然のことと云ふ義なり。譬へば至当の職なくして求む可きの通義なしと云ふ語あり。即ち己が身に為す可き事をば為さずして他人へ向ひ求め催促する筈はなしと云ふ義なり。

又事を為す可き権と云ふ義あり。即ち罪人を取押るは市民廻方《まはりかた》の権なり。

又当然に所持する筈のことと云ふ義あり。即ち私有の通義と云へば、私有の物を所持する筈の通義と云ふことなり。理外の物に対しては我通義なしとは、道理に叶はぬ物を取る筈はなしと云ふ義なり。人生の自由は其通義なりとは、人は生ながら独立不羈にして、束縛を被るの由縁なく、自由自在なる可き筈の道理を持つと云ふことなり。


以上述べていることの要点を、名詞の形でとりだすと、正直、正理、理、達義、通義、筈、当然、権、道理、などとなる。ヘボンの right の訳語と共通しているところが多い。何よりも、道徳的な正しさという意味と共通し、このような考え方に裏づけられているのである。
この中では、とくに「通義」が、今日言う「権利」の意味で使われるのである。
たとえば、同じ『西洋事情二編』に、次のように説かれている。

右の所以に由り英国の法律は之を四目に分てり。
第一　一身の通義を説き其得失を論ず
第二　物の通義を説き其得失を論ず
第三　常法を害する私悪を説き之を改めて正に帰せしむるの所以を論ず
第四　公悪の大罪を説き之を刑して禍を防ぐの所以を論ず
一身の通義は、天下の衆人各〻皆これを達す可きの理なり。概して之を人間当務の職分と称す。又人の身に在ては天然と人為との別あり。天然の身とは天より生じたる儘の身を云ひ、人為の身とは、同社又は政府を建るが為め、人智を以て法律を設け、此法律に従て進退するものを云ふ。譬へば某の同社と云ひ、某政府の官員と云ふが如き、皆是なり。
一身の通義にも亦有係と無係との別あり。無係の通義とは只一人の身に属し他に関係なきものを云ふ。有係の通義とは世俗に居り世人と交りて互に関係する所の通義を言ふ。今此条に於ては無係の通義のみを論ず。
右の故を以て、無係の通義は人の天賦に属したるものなれば、天下の衆人、世俗の内に交るものも、又は世俗の外に特立するものも、均しく共に此通義を達す可き理なり。
……　……
……人生の通義は仮令《たとひ》一人無係の身を以て之を論ずるも、世俗交際の身に就て之を論ずるも、私公の別あることなく、其通義は必ず其人に属するものにて、且国法に在ても人の通義は動かす可らざるものとせり。

西欧思想上の「自然法」とか、あるいは近代以後の「自然権」というような、人為の法を超える法の観念は、私たち日本人にとってもっとも理解困難であったに違いない。right は、まさにその観念を担っている。「国法」をも超えるものがある、ということの理解は、こちら側の観念で言えば、結局、道徳的な正しさという観念に頼るのが、もっともふさわしかったであろう。「国法に在ても人の通義は動かす可らざるものとせり」と、あまねく人の「通」ずる「義」が、位置づけられたのである。

「通義」は、こうして福沢の文脈上、「国法」の上に位置づけられたが、このことは、およそ「通義」という一つのことばの意味が、「国法」の上にある、という意味を含んでいるわけでもなく、そう変化した、ということでもない。それは考えてみれば当然のことなのだが、これまた、私たちにとって非常に理解困難なことなのである。たとえば、right を KENRI と訳したとしよう。すると、私たちは、そのとき以後、この KENRI ということばが、それじたいのうちに、right と等しい意味を持つようになっているのだ、と思い込むようになるのである。right について直接よく知っていない読者たちだけではない。筆者たちじしん、そのような考え方にとらえられるのである。それが、私の言うカセット効果である。

福沢諭吉は、自ら right の翻訳語として置いた「通義」が、それじたいで right と等しい意味のことばになるとは、決して思っていなかった。『西洋事情二編』における、重ね重ねの警戒のことばが、それを語っている。

> 譬へば訳書中に往々自由原語「リベルチ」通義原語「ライト」の字を用ひたること多しと雖ども、実は是等の訳字を以て原意を尽すに足らず。
>
> ……　……
>
> 第一　「リベルチ」とは自由と云ふ義にて、漢人の訳に自主、自尊、自得、自若、自主宰、任意、寛容、従容、等の字を用ひたれども、未だ原語の意義を尽すに足らず。
>
> ……　……
>
> 又此字義より転じて、求む可き理と云ふ義に用ることあり。漢訳に達義、通義等の字を用ひたれども、詳に解し難し。

同じような警戒のことばは、他の同時代の知識人によっても、時には語られている。だが、福沢の、思想の道具としてのことばに対する感覚の鋭さは、群を抜いていた。心がまえの違いのようなところがある。このような人ばかりいれば、カセット効果は、それほど問題としなくてもよかったかも知れない。しかし、彼のような人間は、例外であった。おそらくその前にも後にも稀であろう。大勢は、「訳字を以て原意を尽すに足」る、という方向へ動いて行ったのである。

もちろん、改めて、この「訳字」は、「原意を尽すに足」りるのか、と問えば、否定する人も少なくないだろう。だが、翻訳語をカセットのように扱っていることば観は、意識の表面にはほとんど現われない。それは、翻訳語を含む文の構造が、私たちに働きかけ、意識を左右しているのであって、無意識のうちの出来事である。「訳字」と「原意」との違いを、思想として意識的に知っているだけでは、とうていカセット効果を押えることはできないのである。

幕末から明治初期にかけて、先人たちがいろいろと試行錯誤を重ねていた私たちの翻訳語は、やがて一つの方向に向かって収斂するように動き、一つのことばに定着していく。どのようなことばが、そこで選ばれていくのだろうか。原語の意味をよく伝えている、ということは、確かに条件の一つである。有力な発言者が使った、ということも、条件の一つである。日本語として、漢字としていいことばである、ということも、条件の一つである。

だが、たぶんそれら諸条件以上に重要な条件が、ことばの定着への動きを左右している、と思う。それは、私のいうカセットとしてふさわしいようなことば、という条件である。カセット効果を起しやすいことばである。

society の翻訳語としては、後に述べるように、「仲間」や、「交際」や、「社中」などは、いずれもはじめにあげた諸条件にふさわしかった。が、それらの諸条件からはもっとも遠い「社会」が勝ち残るのである。「自由」は、はじめにあげた諸条件に必ずしも合わないわけではない。が、「自主」や「自在」など、決して悪くはない他のことばを押しのけて、ただ一つの座を占めてしまうのである。

right の翻訳語では、今までに挙げた明治直前までのことば、「主タル筋」、「本分」、「筋」、「通義」など、いずれも、原語の意味を一応とらえ、日本語としても悪くないことばであった、と思う。「通義」は、ベストセラー著述家福沢諭吉の用語であった。だが、これらはやがて、ことごとく姿を消してしまうのである。

二、西周の「権」とは何であったか

1　西周における right と power の混同

西周のもっとも初期の頃の著述『万国公法』は、慶応四年（一八六八年）に刊行されているが、次のように始まっている。

○第一章　万国公法の大旨

第一節　万国公法ハ法学ノ一部ニシテ、万国互ニ相対シ秉《ト》ル事ヲ得ルノ権ト務メサル事ヲ得サルノ義

トヲ論スル者ナリ

ここで「権」と言っているのは、「務メサル事ヲ得サルノ義」と相対しており、この意味では、文脈上 right の訳語の、今日言う「権利」の意味である。

ところで、「権」を「秉《と》」る、とは権力を握る、というような意味である。漢籍に詳しい西周は、その意味はよく承知していた。この文脈では、この「権」は power に近い意味である。

『万国公法』は、オランダ留学中、フィッセリング教授の講義を筆記し、日本に帰って後、翻訳し、出版したものである。

この前の年、慶応三年、西周は、徳川慶喜に対して、新しい時代に対処すべき制度の改革を提案している。オランダ留学の学問の成果をいくらかでも生かし、幕府の公費留学生としての責任にこたえたい、と思ったのであろう。その文中に、次の文句がある。

大略ヲ申候得は三通ニ相約紀候義ニ而、第一ニは禁裏之権、第二ニは政府之権、第三ニは諸大名之権ニ有之候、右三権、御決定ニ相成候上は、天下一新、鼎革之綱紀相立可申候得共、其権之大小軽重等は微臣敢而可論義ニ無之候得共、玆ニは是迄ニ申上候、……

ここで使われている「権」とはどういう意味のことばか。「禁裏之権」、「政府之権」、「諸大名之権」

と並べられた「権」は、前掲の『万国公法』の「権」とは、明らかに違っている。これは、今日言う「権利」ではなく、今日言う「権力」の意味である。英語の、right ではなく、power に近い意味である。「権利」と「権力」、right と power という一見明らかに異質な意味のことばが、西周によって、一つの、同じ「権」と翻訳され、表現されたのである。

なぜ、西周は、このような誤解しやすいような翻訳語を用いたのだろうか。

西周は、この翻訳にとりかかるとき、その数年前に刊行された丁韙良 William Martin の、漢訳『万国公法』を参考にしていた。そこでは、すでに、「権利」という翻訳語が使われていたのである。西周の「権」は、たしかにここから着想を得ていたに違いない。しかし、とくに「権」という翻訳語を用いるについて、西周じしん、このことばの意味を考えたであろう。そのとき、彼は、オランダ語 regt と、「権」との間の、意味のずれに気づかなかったのだろうか。

いや、むしろ、「権」は、regt の翻訳語としてふさわしい、と西周が考えてもよいような理由が、そこにはあったのである。

思うに、それは、西がオランダで学んだ法律学の思想に大きな原因があったであろう。西が学んだフィッセリングの法思想は、当時ではやや学界の流行おくれではあったが、近代ヨーロッパの法思想を支配した自然法、自然権の考えに基づいていたのである。およそ法は、国内法も国際法も、自然法、自然権としての「権利」に基づいている、と考えるのである。国の権力の表現である法律が、「権利」に基づいている。とすれば、「権力」と「権利」とは、それほど縁の遠い観念ではない。

西周の翻訳した前掲の『万国公法』の第一節を、原文と対照してみよう。オランダ語の原文は、こうなっている。

Volkenregt is dat gedeelte der regtswetenschap waarin de wederzijdsche regten en verpligtingen tusschen de volken behandeld worden.

西周は、これを、「秉ル」や「務メ」ということばを補って、「万国公法ハ法学ノ一部ニシテ、万国互ニ相対シ秉《ト》ル事ヲ得ルノ権ト務メサル事ヲ得サルノ義トヲ論スル者ナリ」と翻訳したのであるが、原文では、この訳文における「法」と、「権」とが、ともに regt というただ一つのことばで語られているのである。すなわち、このことを西周の翻訳文に置き換えて言えば、次のように言うことができる。

万国ノ regt ハ、regt ノ学ノ一部ニシテ、万国互ニ相対シ秉《ト》ル事ヲ得ルノ regt ト務メサル事ヲ得サルノ義トヲ論スル者ナリ。

「万国ノ regt」は、「万国ノ権」に基づく。「禁裏之権」、「政府之権」、「大名之権」である。とすれば、そのような「万国」の「相対シ秉ル事ヲ得ルノ regt」もまた、「権」ということばで表現するのがふさわしい、そう西周が考えたとしても、それほど不自然な誤解であった、とは見えないであろう。

2 right と power とは違う

しかし、right と power とは、西欧思想史上、むしろ厳しく対立する意味のことばであった。西欧の近代における right ということばの意味を、はっきり自覚し、指摘したのは、十七世紀半ばのホッブスである。ラテン語の jus と lex とは、right すなわち「権利」と、law すなわち「法律」との違いであって、right とは、それをするかしないかの自由にあるのに対して、law は、そのどちらか一方に決定し、束縛する、と『レバイヤサン』の中で語っている。この有名な指摘以後、right は、古代以来の自然法にとって代わったのである。

自然法は、もともと power すなわち「権力」によってうちたてられる人為の法とは、別の秩序に属する法である。それは、必ずしも人為的な法より上の秩序に属する、と考えられているわけではなかった。古代ローマでは、一般に、市民法を補う法、と考えられていた、と言われる。中世では、聖書に書かれている法として、市民法、国家法よりは高い次元の法であった。

とにかく、power すなわち「権力」による法と、自然法とは、異質な秩序に属し、たがいに対立関係に置かれることによって、その意味を持たされてきた。その自然法が、ホッブスやロックや、ルソーによって、right すなわち「権利」という観念に受けつがれたのである。

西周がオランダで学んだフィッセリングの法学は、このような思想の直系である。国家の「権力」が、「権利」に基づいている、という考えは、「権力」と「権利」とが、元来厳しく対立する異質の秩序に属する、ということを前提の上で、一方が他方を基礎づける、という論理で成り立っていたのである。それは、さかのぼれば、アリストテレスが、フィシス physis（自然）と、ノモス nomos（人為）として区別した対立である。西欧世界で法律を学ぼうとするほどの人々にとっては、当然の常識であった。

これは、しかし当時の日本人にとっては、非常に分りにくい考えであった。法は一つ、国法あるのみである。「権利」という考え方が分りにくい以上に、二つの法がある、という考えの方が理解できなかったろう。「権利」の分りにくいところは、この観念が、二つの法のうちの、power に基づかない法の方から出ている、という事情であったろう。

その上、英語では、「権利」と「法」とは、別のことば、right と law で表現されるが、オランダ語では、どちらも regt であった。

西周は、こうして、自然法と実定法、right と power という、二つの異質な次元を、根本的には区別できなかった。福沢諭吉のように、前者を道徳的な次元で受けとめ、とらえ直すこともしなかった。結局、両者を、ただ一つの「権」ということばで、後者の次元の方へひきよせてとらえたのである。

3　西周にとって、「権」とは何であったか

西周の、はじめて発表した法律教科書は、『万国公法』であった。『万国公法』では、regt と言っても、国家の regt である。すなわち国家の「権利」である。従って、あの『議題草案』における、「政府之権」「大名之権」の「権力」の意味の「権」と同一視されやすかった、ということも言えるであろう。

しかし、次に、明治四年、『性法略』を発表しているが、ここでもやはり「権」である。やや後になると「権利」や「権分」など、rightを語ることばとして使われるが、初期の用語は、「権」で通している。

『性法略』は、「原有ノ権トハ吾輩世ニ生レシ時ヨリ須臾モ離ル可カラサル権ヲ云」以下、「生存ノ権」、「言行ノ権」、「用物ノ権」、「得有ノ権」、「物件上ノ権」、「私有ノ権」、と続くのである。

他方、おそらくこの頃の作ではないかと思われる『泰西官制説畧』は、もっぱらpower、つまり「権力」について語っている。

西洋にて当時諸国共官制之要と致候は三権之別ニ有之、是ハ享保年間、仏国之大儒モンテスキウ之発明ニ有之候処、近世は専ら是を官制之要と致候

三権之別と申候は、法度を議定致候権と、法度を奉行致候権と、並に法度に違犯致候者有之候時、是を裁決致候権とを全然別々に相立候事ニ有之候

こうして、あるときはrightを「権」と書き、また同じような時代の別のときは、powerを「権」と書いている。これに対して、やはり区別していたのだ、という見方もあるかも知れない。「私有ノ権」と書いたときはrightのつもりであり、「三権之別」と書いたときは、powerのつもりでいたのだ、という解釈である。

それは、しかし、ことばが、ものを考えるときに果たしている働きを無視した見方である。私たちは、

ことばによってものを考える。翻訳文の筆者は、原文を書いているのではない。書いているのは、あくまでも、翻訳文である。翻訳語の意味は、その翻訳語がもともと持っていた意味と、そのことばが文脈の中で与えられている意味と、この二つによって決められるのである。一つの「権」という文字の彼方に、あるときは、right と等しい意味が現われ、同じ頃の別なときには、それがパッと消えて、今度は power と等しい意味が現われる、ということはあり得ない、と私は考える。

当時、「権」という字で日本人が知っていた意味は、power に近い意味であった。覇権、権力、権柄の権である。だから、「政府之権」や、「三権之別」は、無理の少ない、筋の通った文章であった。問題は、やはり、「原有ノ権」「私有ノ権」などの「権」なのである。

この問題のばあい、では「権」には right の意味はないのだろうか。まず文脈上 right に対応するような、ある意味が与えられている。たとえば、「原有ノ権」ということばの文脈で、「原有ノ権、一名生来権ハ生レナカラニシテ備ハル者ナリ故ニ死セサレハ消尽スル事ナシ」という一条がある。「生レナカラニシテ備ハル」「権」という観念は、伝統的な「権」ということばでは、どうしても説明できない。その説明できないような、ある意味、それが、ここで言う、right に対応するような意味である。それは right に似ている。が、決して等しくはないのである。

この「権」の意味については、もう一つ、筆者西周が、「権」ということばによって表現しようとしていた意味、というものも、当然考えられる。それは、彼が横文字を通して知っていた意味である。書物やオランダ留学によって得た知識に支えられた意味である。それは、原語の regt の意味と等しいのか。

私は、等しくないと考える。書物と、二年ばかりの留学で得た知識を過大評価してはならない。彼の精神の内部に座を占めているオランダ語や西欧語の働きは、母国の日本語の働きよりはずっと少ないはずである。翻訳文を書き、翻訳語を使って語っている文章の筆者は、やはり翻訳語を通じて考えているのである。

4　西周におけるカセット効果――一

西周にとって、「権」とは、どういう意味のことばであったか、とくに「原有の権」のような文脈の「権」である。第一に、それは、「権」ということばが、日本語の伝統的な文脈の中でもってきた意味を持っている。それは、regt の翻訳語として使われたとたんに消え失せる、というようなものではない。次に、「原有ノ権、一名生来権ハ生レナカラニシテ備ハル者ナリ故ニ死セサレハ消尽スル事ナシ」というような文脈によって、与えられる意味がある。

この二つの「権」の意味は、どうしても矛盾する。伝統的な意味の「権」は、「生レナカラニシテ備ハル者」ではない。それは「生レ」て後、獲得されるものだ。

ここで、私の言うカセット効果が働いている、と考える。「権」という一つの文字についての意識的な思考がもし行なわれるとすれば、この矛盾につまずくであろう。この矛盾が、カセット効果を生みだしているのだが、それは、矛盾をかくすように働き、矛盾を意識させないのである。何か知られぬ意味がある。その意味は、「権」という一字に預けられたのだ、と言ってもよいであろう。

見方を変えて、文全体から考えてみよう。「生来権ハ生レナカラニシテ備ハル者ナリ」という文は、意味の体系としては、閉じていないのである。「生来……ハ生レナカラニシテ備ハル者ナリ」という文と、「権」とは、一貫した意味で整えることが困難なのである。しかし、一つの文は、その文じたいで意味が一貫することを求める。文は、閉じた構造をもつものだ、と言ってもよい。そのような構造上、一貫した意味として閉じようとする文が、「権」ということばに働きかけて、一つの意味を要請する。そこでカセット効果が生まれる。

カセット効果とは、こう考えてみると、もう一つの意味だ、と言うことができる。何かよく分らないが、必ずあるはずの意味である。こうして「権」ということばに、カセット効果としての意味が与えられることによって、文は改めて閉じられる。ある安定した構造にもどるのである。しかし、それは、はじめに求められていた構造と同じではない。はじめに求められていた構造とは、次元の異なるような、別の構造がつくられる。それは、カセット効果を中心として形づくられ、それはそれとして一貫した意味をもち、閉じるのである。

その新しい閉じた構造の特徴は、何よりも、価値を語っている、ということである。カセット化した「権」は、とにかくよいものだ、というプラスの価値をもつ。その価値によって、逆に、「生レナカラニシテ備ハル者ナリ」ということの意味が納得させられるのである。

はじめにカセットがあり、それは価値をもっている。その価値によって、文全体の意味が納得される。そのような文の論理は、演繹型の論理である、と言うことができるであろう。カセット効果は、こうして私の言う構造の変換をひき起し、ついに演繹型の論理に貫かれたもう一つの意味構造をつくるに至るのである。

5　西周におけるカセット効果——二

明治三年、西周は、『燈影問答』という啓蒙的な著述を発表している。その中に、次のような一節がある。

問　人民おの〱自由を得るも、ミたれさるの法とはいかなる法にてあり侍るにや

答　その法ある別つの法有にあらす、唯タその自由の性をほとよくきりもりして、ミたることなからしむるにあり

問　その法たる、いまた僕《ヤツカレ》の心におゐて明了《らか》に識ること能はす、ねかはくはおしへ給はんや

答　凡そ人たるもの、おの〱自由の権を有すといへとも、恣まになさしむるときは、政府てふものなきとおなしことなり、それ政府てふものは、人民より君主撰ミ立たるものなるかゆへに、人民の之を尊敬せさるを得す、其君主を尊ミ立てるに及むては、人民おの〱所有となすところの権の一分を分つて君主に托せさるを得す、既にその一分を托するか故に、おの〱君主の法令を守りて違背すること能ハす、かつおのれを自在になすことあたハさるものなり、君主は人民おの〱の一分の権を預かるものなるか故に、その善悪曲直を弁別し、法をもてミたることなからしむるは、政府の本体たる

ところなり、……

引用文中、「権」ということばが三つある。あとの二つの「権」を含む文は、筆者西周じしんによってルビがつけられており、論理の展開上、とくに重要である。この二つの文における「権」は、ここにおける思考の動きの鍵となっている。

まず、二番目の、「人民おの〳〵所有となすところの権の一分を分つて君主に托せさるを得す」の文における「権」は、その前の、「凡そ人たるもの、おの〳〵自由の権を有す」の「権」と同じである。当然、西周は、right の意味で使っていた、と考えられる。今日言う「権利」である。

次に、あとの方の「権」とは何か。「君主は人民おの〳〵の一分の権を預かるものなるか故に、その善悪曲直を弁別し、法をもてミたることとなからしむるは、政府の本体たるところなり」と言う。ここで、「君主は」「その善悪曲直を弁別し、法をもてミたることとなからしむるは、政府の本体」であるような「権」は、一応 right の意味である、と考えられないことはない。が、それよりも、立法、行政、司法のような power、つまり「権力」を指して言っている、ととる方が、素直な理解であろう。もっと正確に言えば、ここには、right の意味と power の意味とが混在しているのである。ここに、二つの相対立する right と power の意味を混在させている「権」ということばのカセット効果が働いているのである。

こうして、三つの権のうち、はじめの二つは right の意味、あとの一つは、right と power との混在した意味、と考えられるが、この二種の権をつなぐのが、「人民おの〳〵所有となすところの権の一分を分つて君主に托」し、「君主は人民おの〳〵一分の権を預かる」という論理である。これは、ホッブス、ルソーなどの社会契約の論理と似ている。確かに、その影響を受けた考え方である。が、ちょっと違う。人民が、その「権の一分」を分って、君主がその「一分の権」を預かる、というこの論理では、分ち、托す「権」と、預かる「権」とが等しい。一般に、托す「権」と、預かる「権」とが等しいのは、当事者以外の第三者や、物に対する right のばあいである。だが、ここで西周が言っているのは、「凡そ人たるもの、おの〳〵自由の権を有す」という「権」である。ある人が、自分の「自由の権」を誰かに托し、托された人が、それと等しい「自由の権」を預かる、ということはあり得ない。預かった側の「権」は、もしこれを right のレベルで考えるならば、人を拘束する「権」とか、統治する「権」ということになるだろう。托した側と、預かった側とでは、「権」の内容、その働きの方向は、正反対になるはずである。

しかし、西周のこの文脈で理解されるところは、そうではない。「人民おの〳〵所有となすところの権の一分を分つて君主に托」し、君主は、当然これと等しいと解される「人民おの〳〵の一分の権を預かる」と言うのである。

ここで、西周が使い、理解している「権」が、カセット効果の「権」なのである。「権」の意味の内容については、問わない。実は、当人じしん、あまりよくは分らない。が、とにかく「権」ということばに、その意味を預けるのである。ここで「分」ち、「托」し、「預か」っている「権」は、このようなカセットとしての「権」である。そのカセットのうちに、right の意味の「自由の権」も、その反対の拘束する「権」も、また power の意味も含まれ、混在し、その混在の矛盾はかくされているのである。

6　読者から見た「権」のカセット効果

さて、次に、この同じ文章を、読者の立場から見てみよう。啓蒙されている立場の人々からである。ほとんどすべての当時の日本人にとって、「権」とは、「覇権」、「権力」の「権」であった。すると、この文章における三つの「権」で、はじめの二つの「権」は、非常に分りにくいであろう。三つ目の「権」は、何とか理解できるに違いない。「君主」は「権」を持っている。「政府の本体」は「権」である。それは直ちにうなずけることだからである。

はじめの二つの「権」も、まったく理解できないわけではない。当然、それは、まず、「権力」の意味で理解される。「君主は人民おの〳〵の一分の権を預か」り、その「権」は、実は、「人民おの〳〵所有となすところの権の一分を分つて君主に托」したものであった、と考えれば、筋は一応通るであろう。この筋道は、rightということばを知っていた西周とは逆である。そして、「自由の権」もまた、この「権」をよりどころとして理解されようとするに違いない。

しかし、こうして理解しようとするとき、文脈が語っている意味は、このような理解を妨げるのである。「権」を、その「一分を分つて君主に托」し、「預」ける、ということは、いつ、どのようにして行なわれたのか。およそ「権」とは、「人民おの〳〵所有」するものなのか。それならば、それは、自分たちのまわりのどこにあるのか。第一章で引用した『明治の光』の一節は、こう語っている。

全体此の権の字は、秤《はか》りの事でござる、あの秤りと申す物は、何拾斤何百斤何貫目何拾貫目と、軽し重しの目方を定むる道具でござる……殊に当時は、御上に於ても、銘々の体が重くなる様に、錘を百五十斤目位の所へ掛けて、御待ち成されて居る御時節でござる。然るに、とふした訳か、皆様が御辞儀をされて、イヤ私は百斤位で十分でござると、頻に遠慮致され升る様に、我等に見受け升、……

これは明治七年の頃の話であるが、「権」ということばを、突然与えられた人々の戸まどいの様子をよく伝えている。それは、「権」ということばを、「凡そ人たるもの、おの〳〵自由の権を有す」とか、「権の一分を分つて君主に托」す、というような、今までかつて知らなかった文脈によって知った人の当惑であろう。

西周のこの文章を読んだ大多数の日本人にとって、「権」とは、まず「権力」というような力の意味であった。そしてまた、その意味のつもりで読んでみると、どうしても理解できないような、何か知らぬ意味でもあった。すなわち、カセットのことばであった。そのカセット効果によって、とにかく飲み込んだのである。

このカセット効果について、もう少し、その構造上の機能を考察してみよう。

引用文のはじめの「権」を含む文、「凡そ人たるもの、おの〳〵自由の権を有す」では、「権」という一つのことばの通常の意味と、このことばの文脈上与えられる意味とが矛盾し、その矛盾が、「権」ということばにカセット効果をもたらしている。カセット効果は、この矛盾をかくすように働く。

カセット効果は、この矛盾をかくす以上に働く。「権」ということばは、意味はよく分らないままに、ある重要な、価値をもったことばであるかのように感じさせる。その、いわば過剰な効果が、「権」を誤用させ、濫用させるわけであるが、この文中では、「権」ということばの、ひときわ優れた価値によって、文全体の意味が完結しているかのように、読み手を納得させるのである。

次の、「君主を尊ミ立てるに及むては、人民おの〱所有となすところの権の一分を分つて君主に托せさるを得す」についても、同じようなことが言える。

以上二つのばあいのカセット効果は、それぞれの文中で働く効果であるが、この効果はまた、三つ目の「権」に対しても働きかける。それは、この三つ目の文、「君主は人民おの〱の一分の権を預かるものなるか故に、その善悪曲直を弁別し、法をもてミたれることなからしむるは、政府の本体たるところなり、」における「権」が、もともと理解しやすい「権力」というような意味であることを、妨げるように働く。ただの「権力」ではない。何かそれ以上の、重要な意味が、ここにもあるのだ、という効果の方へ働きかける。その結果、この三つ目の「権」も、前の二つのばあいとは違った過程で、カセット効果をもつことになる。このようなカセット効果は、どのような文脈に置かれるにせよ、およそ「権」ということばが、従来知っていたような意味のことばではなくなる、という結果をもたらすであろう。当代の流行語としての「権」ということばは、こうしてつくられるのである。

以上の二種類のカセット効果の生まれる過程は、構造主義 structuralisme の用語で言えば、前者は、一つの文脈における効果であって、サンタグム syntagme の働きであり、後者は異なる文脈を通じての効果であって、パラディグム paradigme の働きである、と言うことができるであろう。

三、「民権運動」における「権」

1 「権」は力の意味であった

日本人の大多数にとって、「権」とは、かつて「権力」というような意味であった、と私は述べた。いろいろ調べてみると、それは幕末・明治初期の頃だけのことではなく、明治のその後に至っても、ずっとそうであった、と言うことができる。「権」が right の翻訳語として使われた、ということは、日本人一般における「権」の意味を、意外なほど変えていないのである。それればかりではない。その後、right の翻訳語として次第に定着していった「権利」、「権理」、「権義」など、「権」を含むことばも、たぶんに「権」と同じような意味として、一般に受けとめられていたのである。

慶応三年に出版されたヘボンの『和英語林集成』は、「権」についてこう書いている。

KEN, ケン, 権 n. Power, authority, influence,――wo furū, to show one's power.――wo toru, to hold the power, to have the authority.――wo hatte mono wo iu, to talk assuming an air of authority.

この内容は、明治十九年に出た改訂版でも、ほとんど変わっていない。改訂版で変わったところは、to show one's power という説明が、to wield one's power となったことと、同義語として、IKIOI が付け加えられていることだけである。

明治二十年に出た、高橋五郎の『漢英対照いろは辞典』では、「権」の項はこうなっている。

けん、権、かりの、一時の、当座の、かりなること、かりのはからひ、又ちから、すぢ、権利、又いきほひ、Temporary; expediency; rights, right; authority

ここには、「ちから」に次いで、rights, right に対応する「すぢ」「権利」が出ている。この「権利」を見てみると、

けんり　権利、ちから、すぢ、わけ、Right, rights

となっている。つまり、「権」、「権利」を通じて、まず「ちから」で、次いで「すぢ」、「わけ」なのである。

明治二十二年の『和漢雅俗いろは辞典』では、「権利」の項は、「ちから、すぢ、わけ」となっていて、大体同じである。

明治二十七年の、物集高見の『日本大辞林』では、「権」の項は、「ちから、てだて、いきほひ」となる。すなわち、幕末明治初年以来、right の翻訳語として使われた「権」は、この頃には、ほとんど「権利」に座を明け渡し、幕末以前の、right とはまったく関係をもたないもとの「権」にもどっている。

ところで、right の翻訳語として、「権」あるいは「権理」、「権義」なども排して独占的な座を占めていった権利とは、どういう意味のことばであったか。以上いくつか見たように、とくに「権」以上に right の意味をよく伝えることばは、なかなかならないのである。

明治二十四年の、大槻文彦著『言海』によると、

けんり　権利　身ノ分際に有《タモ》チ居テ、事ニ当リテ自ラ処分スルコトヲ得ル権力。（義務ト対ス）

となっている。この頃になると、法律用語らしい説明が加わってくる。が、最後は結局「権力」なのである。そこでこの「権力」を引くと、

けんりよく　権力、権威、権柄、

となって、やはりもともとの「権」と同じところに落ち着く。

明治二十七年の物集高見の『日本大辞林』における「権利」も、これとよく似ている。すなわち、

けんり　権利　ものにそなはりたるちからにて、そのことをなすに、なすことのいでくるちからをいふ。

やはり、「ちから」である。

今日「権利」と訳されている意味の right とは、明治初年から明治前半の頃までは、おもに「自然法」、「自然権」の法思想の影響におけることばとして受けとめられた。それは、もちろん力ではない。すでに述べたように、力とはむしろ根本的に対立する意味のことばであった。

明治十年代から、おもに明治の後半頃には、私たちが受け入れた法思想は、当時、ヨーロッパで「自然法」思想にとって代わっていた法実証主義であった。この考え方によれば、right はもはや、権力に対して超越的な意味はもたない。それは、法によって与えられる意思、あるいは利益のことである。この考え方によっても、right は力ではないのである。

私たちが「権」や「権利」などということばで受けとめた right とは、right と等しい意味のことばでは決してなかった。それは、まずカセット効果をもつことばであった。そのカセットの効果のもとで、なかば無意識的にことばの意味が考えられるときには、まず第一に、この「権」ということばが伝統的にもっていた、力というような意味が考えられた。次いで、right の翻訳語として一応理解できる「筋」

というような意味が考えられていた。

私たちは、「権」や「権利」ということばを、カセット効果のもとで使用していた。そして、その意味をもし問われ、立ち止まって考えたならば、このことばのもとで、まず力という意味を考え、それに次いで、筋というような意味を考えたのである。

幕末・明治初期から、少なくとも明治の三十年代の近くまで、そうであった。

2 「民権」の登場

『明治文化全集』の「法律篇」に、明治三年の「民法決議」が採録されているが、その解題に、「民権」ということばの起源にまつわる、次のような興味深いエピソードが紹介されている。

なほ、前記東京上等裁判所の記録に、民法会議で開巻第一の民権の語が問題となつたことが記されてあるが、民権の語は「吾国開闢以来夢想之得ザル所ノ事」として、出席者の間にセンセーションをまき起したのであつて、その有様は「箕作麟祥君伝」に載せた明治二十九年九月十五日明治法律学校授業初の式における箕作麟祥の演説に「其時分『ジロワシビル』と云ふ字を、私が民権と訳しました所が、民に権があると云ふのは、何の事だ、と云ふやうな議論がありまして、私が一生懸命弁護しましたが、なかなか激しい議論がありました。幸に、会長江藤氏が弁明してくれて、やつと済んだ位でありました」とあり、「江藤南白」下巻には、その際江藤が「活さず殺さず、姑く之を置け、他日必ず之を活用するの時あらん」と弁明してかろうじて会議を通過したとあるによつて知られる。日本近代黎明期の一エピソードである。

「民に権があると云ふのは、何の事だ」という議論が、ここでは一場の笑い話として紹介されているようにみえる。しかし、この「民に権があると云ふのは」けしからん、という議論も、まことにもっともな話であった、と私は考える。

「民に権がある」と言われたとき、このことを聞いた人々にとって、「権」とは、「ちから」であり、「権力」のことだったに違いない。right ではなく、power のことであった。とすれば、「民に権がある」とは、「何の事だ」と反応するのは至極当然の次第であった。

そして、おそらくもっと重要なことは、この意見を主張した人々にとっても、「民に権がある」ということの「権」とは何か、あまりよく分らなかったらしい、という事情である。憤慨している人々に対して、その「権」とは、現実的な「権力」という意味ではない、と、もし説明したならば、あるいは納得されたかも知れない。そのような説明はなされなかったであろう。会議の様子については分らないが、江藤の「活さず殺さず、姑く之を置け、他日必ず之を活用するの時あらん」とは、少なくとも、民の right を承認する人の発言ではない。民に「権」を与えることを一応承認しておこうではないか、という趣旨の意見であった、と推察されるのである。

力としての「権」と「民」とが結びついた「民権」とは、矛盾である。当然カセット効果をもっている。弁解した人は、このカセット効果によっていわば丸ごと飲み込んでいたのである。だから、よく説明できなかった、と考えられるのである。

3 「民権」運動における「権」

「民に権がある」というときの「権」とは、政権の「権」と共通である、ということを、文脈上もっとも明白に述べていたのは、明治四年の中村正直訳、『自由之理』であったろう。

『自由之理』は、一つの章の文を、いくつかの小見出しをつけた段落で区切っているが、その最初の小見出しは、「往古君民権を争う」とある。続いて、「往古希臘《ギリシヤ》羅馬《ローマ》英国の史冊ヲ観レバ、人民ハ自由ヲ得ント欲シ、政府ハ権勢ヲ得ント欲シ、常ニ相争ヒシモノナリ。」と述べられていく。この「自由ヲ得ン」と、「権勢ヲ得ン」との二つの運動が、一つの共通の「権」を争う、と理解されている、と読みとれるのである。

さらに、しばらくおいて、次のような文がある。

問《フ》然ラバ人民自主ノ権ト、政府管轄ノ権ト、コノ二者ノ間ニ如何《イカ》ナル処置ヲ為《シ》テ、和調適当ナルヲ得ベキヤ。

この部分に対応する原文は、

how to make the fitting adjustment between individual independence and social control — is a subject on which nearly everything remains to be done.

となっている。『自由之理』で、「人民自主ノ権」と、「政府管轄ノ権」との対立関係という形で述べられているのは、individual independence と social control との対立なのである。この social は、「仲間」とか「政府」などと訳されているが、さらに、個人と society とは、共通の「権」を争う、対等の対立関係である、と置き換えられる。このあたりの『自由之理』の文章は、「仲間、即チ政府」の「権」、あるいは「権勢」と、他方、「自由ノ権」との対立関係が、一貫して説かれているのである。

明治十年代における民権論とか、自由民権運動の「権」とは、今日言う「権利」であるよりも、むしろ「権力」の意味に近かった。明治政府の「権」の側にいる人々にとってそう解されているばかりでなく、民権運動家たちにとっても、そう理解されていた、と考える。民に「権」があるとはけしからん、という役人の考えに対して、その民の「権」こそ、政府の「権」、国の「権」に対して、われわれの主張したいところだ、と民権家たちは受けとめたのである。民権対国権というような対句風のきまった言い方は、その事情をよく表わしている。

当時の人の文章でよく使われる言い方に、「権を張る」とか、「権利を張る」というのがある。植木枝盛の『民権田舎歌』に、「権利張れよや国の人……権利張れよや自由を伸べよ……自由の権を張り伸し」というような文句がくり返される。板垣退助の『自由党史』には、「破れ障子とわたしの権利、張らざなるまい秋の風」というどど逸が引用されている。当時の多くの論文は、「権を張る」という言い方を、成句として使っているのである。「張る」のは、力である。あるいは「権威」である。right ではない。ヘボンの前掲の辞書で、KEN を power, authority と訳した例文として、——wo hatte mono wo iu すなわち、「権を張ってものを言う」が、to talk assuming an air of authority と訳されているのである。

自由民権の「権」とは、right であるよりもまず power であった。power と等しくはなかったが、多分に power 的であった。このことは、当時の民権運動の性格や現実の消長の上に、おそらく意外に深い影響を与えていた、と考える。人々は、政府の「権」に対して、自分たちもまた、本質的にはそれと等しい「権」を求めた。求められたのは、何よりも参政「権」であった。今日言う基本的人権のような「権」right は、あまり問題にされていなかった。

人々が求めていたのが right よりも多分に power であったために、それは比較的容易に理解され、支持された。とくに薩長の藩閥政府に対して不満な旧士族たちを惹きつけたであろう。

同時に、このことは、自由民権運動の弱点にも係わっている。運動が、やがて「権」によって弾圧されたとき、民権運動の「権」もまたとかく見失われてしまった。あるいは、参政権が、曲りなりにも明治憲法制定によって与えられたとき、そこにまだ実現されずにいる「権」を、見失った。right とは、元来抽象的な、目に見えない観念であって、たとえ具体的な運動の形はつぶされても、それとは別に、人々の精神のうちに生き残っていくはずである。自然法や自然権の西欧における歴史は、それを物語っている。自由民権運動の急速な成長と、これまた急激な衰退とは、たがいに表裏の関係であって、そこに、その性格を特徴づけている「権」ということばがあった、と私は考えるのである。

当時の人々に比較的容易に理解され、支持され、あるいは恐れられた「権」とは、right よりもむしろ power の意味であった。このことは、power ほどではないにしても、right もまた一応理解された、ということを示している。そして、一つのことばが、こうして right でもあり power でもある、という、見方によっては矛盾した意味を混在させていた、ということは、まさしくこのことばのカセット効果によったのである。

人々が受けとめたのは、実は、power の意味であるよりも、right であるよりも、「権」であった。新聞の社説でしきりにくり返され、演説会で弁士が力をこめて盛んに説き、横丁の御隠居さんや、熊さん八さんまでも近頃口にしているような、「権」であった。とにかく「権」がそこにあった。人々は、まずそれを丸ごと飲み込み、次いで、その意味について少しずつ理解し始めたのである。理解してのち受け入れるのではない。私たち日本人の外来文化の受容がいつでもそうであったように、「権」もまた、理解よりも以前に、まず受容されたのである。このような受容の過程をたどって、民の right という考え方もまた、次第に理解されようとしていた事情は、やはり見逃してはならないであろう。

4 福沢諭吉の、「権」への誤解

福沢諭吉は、前にも述べたように、「通義」ということばで right を翻訳した。この翻訳語は、明治初年以後、西や津田の「権」、「権利」などに押されて用例は少なくなる。明治十年代には、福沢じしんも、翻訳語「通義」を捨てているのである。

「通義」は、力という意味をもっていない。道徳的な正しさという意味に通じていて、right のもとの意味と似ている。権力に基づく現実の法体系に対して、もう一つの法である自然法や、そこから出た自然権の意味の right の翻訳語としては、「権」や「権利」よりもふさわしいことばであった。福沢諭吉のことば感覚の確かさを物語る用語であった。

その福沢は、明治初期以来、盛んに唱えられ、流行していた「権」ということばを、どう見ていたろうか。前にも引用した、明治十一年の『通俗民権論』冒頭の部分を見てみよう。

近来の著述書にも翻訳書にも、権利、権限、権力、権理、国権、民権、などの文字甚だ多くして、横文字読む人歟《か》、又は博く訳書を調べたる学者には其意味も分ることとなれども、元と支那にても日本にても、此文字を今日通用する此意味に用ひたるは甚だ稀なるが故に、素人《しろうと》には解し難し。去迚《さりとて》文字の用は日に流行して殆ど世間通用の言葉と為り、今更其意味を人に質問するも、何か愚にして恥かしき様に思はれ、遂に之を合点せずして世を渡る者もなきに非ず。其これを合点せずして当人の不自由不便利たる可きは姑《しばら》く擱《さしお》き、之が為に世間一般の間違を生じて、容易に出来べき仕事も出来ず、速に除く可き害をも除く可らざること多し。歎かはしき次第なり。

抑も権とは、権威などの熟語に用ひて強き者が弱き者を無理無体に威《おど》し付けて乱暴を働くの義に非ず、又弱き者が大勢寄集りて無理無法なることを唱立《となへた》て其勢にて乱暴を働くの義にも非ず。其真の意味を通俗に和解《わげ》するは迚もむづかしきことなれども、先づ権とは分と云ふ義に読て可ならん。即ち身分と云ひ、本分と云ひ、分限と云ひ、一分《いちぶん》と云ふが如き、分の字には自から権理の意味あり。譬へば雇人へ給料を与る主人の身分として、此雇人を約束の通りに召使ふは主人の権理なり。又下女下男の身分として、毎日酒を飲み馳走に預ることは叶はざれども、主人の家に起居して十分に食物を喰ふは当然のことなり。若しも其主人なるもの鄙劣にして、平生食物の分量をも差図せんとすることあれば、即ち下女下男の分限を切縮るものにして、方今流行の語を用れば其権限を犯すものと云ふ可し。……

引用文の前段は、世の識者の嘆き、として、第一章で述べたところである。私の言うカセット効果の現象の指摘である。これは、識者の嘆きの典型であるが、これほど早くから、この種の現象の性格を適確にとらえているのは、やはり慧眼である。「権利……などの文字甚だ多くして」、「素人には解し難し」、「遂に之を合点せずして世を渡る者もなきに非ず」、「之が為に世間一般の間違を生じて、容易に出来べき仕事も出来ず」など、実情はその通りであったろう、と推察する。

しかし、慧眼福沢諭吉も、カセット効果の現象はよくとらえても、その由来、本質は見抜けなかった。それは仕方のないことであるとしても、彼もまた、ここで翻訳語「権」にふりまわされ、翻訳語「権」と、その原語 right とを混同する間違いを犯している。

後段の「抑も権とは、……威し付けて乱暴を働くの義に非ず」とは誤りである。「権」は、そういう意味を含んでいる。right が、そうではなかったのである。「権」は、イコール right ではない。「歎かはしき次第なり」の状態に置かれているのは、「権」であって、right ではなかったのである。福沢諭吉が、かつて right を「通義」と翻訳していたときは、「権」ということばの意味をよく心得ていて誤らなかった。『西洋事情』で、彼はこう言っている。

一身の自由を保護するは国の為めに一大緊要事とせり。譬へば随意に人を囚《とらふ》るの権を一二の官吏に付与する歟、若しくは無上の君主をして此権柄を握らしむることあらば、諸般の通義一時に廃滅すべし。

「権」は危険である。用法如何では、「通義一時に廃滅す」る。それは、当時の日本語の「権」の意味であり、とくに中国の文字「権」よりは、日本人の知る漢字「権」の意味であった。

ところが、その福沢諭吉が、十二年後には、「抑も権とは、……乱暴を働くの義に非ず」と断定する。福沢諭吉もまた、翻訳語「権」のカセット効果にとらえられていたのである。

5　カセット効果のもたらす演繹論理

福沢諭吉がとらえられていた「権」ということばのカセット効果は、当時、このことばを誤用し、濫用していた無数の人々における効果と、本質的に共通である。福沢にとって、「権」とは、まず right であった。right の意味は、ただし、はっきりとらえられていた。そして、同時に、この「権」ということばは、多数の同胞たちによって、「強き者が弱き者を無理無体に威し付けて乱暴を働くの義……又弱き者が大勢寄集りて無理無法なることを唱立《となへた》て其勢にて乱暴を働くの義」と理解されていることばであった。すなわち権力に近い意味であった。

right ということばの意味と、「……乱暴を働く義」との、たがいに矛盾する二つの意味が、この「権」ということばにこめられている、と福沢諭吉は受けとった。right の翻訳語「権」は、決して right と等しい意味のことばにはならない。にもかかわらず、福沢は、「乱暴を働く義」とともに、right に全く等しい意味もまた、この「権」に含まれている、と思った。「抑も権とは」という文句は、「権」は元来 right に等しい、という考え方を前提としている。福沢のこれ以下の文における「権」は、イコール right の意味、と理解すると筋が通るのである。

一つのことばに、たがいに矛盾する二つの意味が混在し、そのことが意識されるとどうなるか。その二つのうち、一つは正しく、一つは間違いである、と、その気づいた人は思うのである。right の意味は正しく、力の意味は間違っている、と福沢諭吉は考えた。それは、必然的に演繹的な論理を導く。正しい意味から誤った意味へ、という一方的な裁断の論理を生みだすあのカセット効果である。

もしこのばあい、福沢が、人々は今日「権」ということばでものを考えているが、これを、right ということばの意味を考えることに置き代えてほしいものだ、という筋道で考え、発言していたならば、それは、このような論理ではなかったに違いない。このばあいには、「権」と right とは、意味だけでなく、ことばも別になるからである。二つの、独立した別々のことばをつなぐ思考は、一方から他方への裁断の論理になり得ないからである。

しかし、そう考えていたのではなかった。一つのことば「権」に、二つの意味が混在し、矛盾している、と感じられていた。一方の意味が、他方を切り、切り捨てることによって、この矛盾は解消されなければならない。日本の知識人の典型的なものの考え方が、ここに現われている。それはカセットのことばによる間接的な効果なのである。

ことばの現実に生きている意味を見ずに、切り捨てる、ということは、やがて現実そのものを切り捨てることである。福沢諭吉もやはり、当時の多数の人々の間で現に使われている「権」の意味を見誤っていた。そこでは、「弱き者が大勢寄りて無理無法なることを唱立て其勢にて乱暴を働くの義」と理解されていたであろう。その指摘じたいは正しかったであろう。が、そのような理解の仕方を通じて、right とは別の、right に似た意味も、次第に育っていたのである。

第三章　翻訳語「自由」

一、「自由」はいい翻訳語ではなかった

1　「我儘」という翻訳語の話

幕末の頃、オランダのジャワ総督から幕府に提出された文書の日本語訳に、「大千世界いやましに我ままに成りゆき候形勢これあり」という文句があった、という。「我儘」とは、オランダ語の vrijheid で、英語の liberty や freedom と同じことばの翻訳語である。この文面を見て、幕府の役人のうちには、これは掠奪をほしいままにするという意味だ、夷狄を近づけてはならない、という議論をする者があった、という。ちょっとおもしろい話である。民に「権」があるとは何事だ、と言った話と似ている。vrijheid を「我儘」と訳したのは、こっけいな誤訳であったのか。

この話を枕にして、木村毅と津田左右吉とが、それぞれに、「自由」ということばの用法や、翻訳の由来をめぐる考察を書いている。

木村毅は、昭和二十七年に出た「『自由』はいつ日本に入ってきたか」という論文で、その結論を、こう述べている。

この近代思想の入ってきた時、それを適当に呼ぶべき日本の名がなく、たとえを取れば仕着せが見あたらないので、しばらく裸でおいた状態だったが、切支丹版や江戸文学に頻用され、日常にはもちろん使っている「自由」をレディ・メエドの制服としてきせてみると、多少寸法の合わぬようなところもあったが、着なれているうちに、ぴったり身に合ってきたというのが、自由が入ってきてから明治にいたるまでの経過であった、と私は考えている。

そして、とくに『自由之理』について、

一八七一年（明治四年）中村敬宇、ミルの「オン・リバァティ」を訳し、「自由之理」と題して、この名称を確定したかの観がある。ここにおいて「自由」の語の意義は、欧米の「リバァティ」と完全に合致した。

と述べている。

では、「我儘」というかつての翻訳はどうであったのか。それについてはこの筆者は直接ふれていないが、「自由」という翻訳語が、「多少寸法の合わぬようなところもあったが」、やがて「ぴったり身に合ってきた」、というのである以上、「我儘」は、どうもよくない訳、こっけいな訳、ということになるであろう。

津田左右吉の文章は、これから四年後、昭和三十一年に出されている。「訳語から起る誤解」という題名で、同じ話を枕におき、扱っている資料も共通のものがかなりある。明らかには一言も言っていないが、前掲の木村論文は、当然知っていたに違いない。その論文の結論で、こう述べている。

以上の用例でみると、キリシタン文献に見えるものは別として、自由といふことばには、法令上の用語としてはいふまでもなく、その他のでも、何ほどか非難せられるやうな意義の含まれてゐるものの多いことが、知られるやうである。拘束をうけないといふばあひのでも、その多くは、社会的制約の外に立つといふ点で気まゝな、もしくはわがまゝな、気分があるから、一般人の生活態度としては承認しがたいものである。思ふまゝにするといふ意義でのでも、他人に関し世間に関することがらについていふばあひには、やはり同様である。よい意義でいはれてゐる例もあるが、それは少い。フクザハの西洋事情に、リバチイまたはフリイダムにはまだ適当な訳語が無いといひ、さうして試に擧げたもののうちの一つに「自由」があるが、それについて、原語は我儘放盪で国法をも恐れぬといふ意義の語ではない、とわざわざことわつてあることも、思ひ出されよう。自由は実は適切な訳語ではないやうである。

結論は、木村毅とは反対である。「自由」は、よい翻訳語ではないと言う。従って、「我儘」というかつての翻訳と、それほど違いはない、ということになるであろう。

「自由」という、英語の liberty や freedom にあたるヨーロッパ語からの翻訳語の歴史を調べていて、私は以上二つの論文に出会ったのである。木村毅の説は、おそらく大多数の日本人の常識を語っている、と思う。今日横文字や翻訳の現場にいる知識人の多くも、同じような意見ではないだろうか。

津田左右吉の意見は、私が、翻訳語「自由」について語るとすれば、まず言わなければならないことを、すでに二十年前に発表していたのだ、と思った。

以下の私の考察は、従って、この津田左右吉の結論を、私の前提として、それから先の問題について述べるわけである。

2　「自由」という翻訳語は避けられていた

「自由」ということばの、中国や日本における歴史は古いが、翻訳語「自由」の歴史もかなり古い。キリシタン文献はしばらくおくとしても、幕末・明治初頭の翻訳に直接つながっているところでは、前掲津田論文によると、寛政八年(一七九六年)の、稲村三伯『ハルマ和解《げ》』で、すでに使われている、という。以後、幕末まで、多少の変動はあるが、オランダ語の vrij や vrijheid、フランス語の liberté、英語の freedom や liberty などに対応する、とされた訳語は、まず「自由」であった、と言える。

慶応三年、福沢諭吉は、『西洋事情』で、津田論文にも引用されているように、この「自由」が、

freedom や liberty の翻訳語として適当ではない、ということを、くり返し語った。この時が、近代西欧の、思想のことばとしての「自由」翻訳史の始まりであろう、と思う。

以後、幕末から明治初期にかけての、日本の指導的知識人たちは、翻訳語として、「自由」ということばを用いることを、避けようと努めていた、とさえみえるのである。

慶応四年、西周が著わした『万国公法』では、「自主」ということばが使われている。「人身上自主ノ諸権」、「国ノ特立自主ノ権」などである。津田真一郎も、同じ年の『泰西国法論』で、「自主民不自主民」のように、同じ「自主」という訳語を使っている。

加藤弘之は、慶応四年に出した『立憲政体略』では、「自主」とともに、「自在」をあてている。「自身自主ノ権利」、「思言自在ノ権利」、「信法自在ノ権利」などである。明治三年、加藤は『真政大意』を書き、そこでは、「不羈」ということばをおもに用い、「不羈ノ情」、「不羈自立ノ情」なども言っている。

明治四年、西周が出した『性法略』では、「自主」と、「自在」とを用いている。

そして、同じ明治四年、中村正直の『自由之理』が現われるのである。

3　中村正直の迷い

「自由」は、しかし『自由之理』の翻訳者中村正直じしんにとって、決して確定した翻訳語ではなかった。同時代の福沢、西、津田、加藤たちと同じように、あるいは彼ら以上に、翻訳語「自由」を避けよ

う と努めた様子がうかがえるのである。
明治七年から刊行された『明六雑誌』に、中村正直は、「西学一斑」と題する西欧思想の紹介を書いている。『明六雑誌』の十号からの連載である。その第一回の文章中に、次のような註がある。

「リベラル・ポリチクス」寛弘之政学ト訳ス、人主苛法ヲ以テ羈束セズ、人民ノ公共ノ情ニ順ヒ大同ノ利ヲ通スル政科ナリ、

これで見ると、liberal が「寛弘之」と翻訳されていることになる。『自由之理』の訳者が、その三年後に、意識的に「自由」ということばを避けたわけである。
この次の次の回に、同誌第十二号に、「西学一斑　前号の続」があり、文中に次の註がある。

「フリー・ステイツ」人民自由ニ志力ヲ舒展スルヲ得ルノ国々トイフ義ナリ

ふたたび、「自由」が姿を現わしている、と見えるが、同じ文章の終りに、次のような一節がある。

訳者曰ク、西語ニ「リベルテイ」トイヘル語アリ、我邦ニモ支那ニモシカトコレニ当レル語アラズ、馬礼遜《モリソン》コレヲ自主之理ト訳シ羅存徳任意行之権ト訳シタリ。蓋シ人民己レノ好ミニ随テ為ルコトヲ得

ベキノ権力ト云ガ如シ、スベテ大公ノ利、共同ノ益トナル律法ニ遵フノ外、更ニ他ノ圧制拘束ヲ受ケサル人民ノ権ヲ「シヴィル・リベルテイ」ト云フテ西国ニテハコレヲ開花治平ノ基トスルコトナリ。ユヱニ「レリヂアス・リベルテイ」トイヘバ人民己ノ心ニ是ナリト信ズル法教ニ従フコトヲ託シ、上ノ人強ヒテコレニ迫リソノ志ヲ奪フコトナキヲ言フ。中古西国、人主真正ノ治道ヲ知ラズ、ツトメテ人民ヲシテ己ノ法教ニ従ハシメント欲シテ厳禁ヲ設ケテ人民ノ心ヲ強ルガ如キコト近古マデ多カリキ。今ハ欧州スベテ人主権ヲ弄スル風習絶タレバ人民「リベルテイ」ヲ得テ人々ソノ中心ノ好ムトコロニ従フコトヲ得テ、無益ノ管轄箝制ヲ受ルコトナク各ソノ志ヲ伸ルコトヲ得テ、ヒトシク公同ノ益ヲハカリ人心日ニ祥善ニ赴キ右文左武ノ俗トハナリニケリ。

libertyが、翻訳困難であることをまず言い、文中、じしんの翻訳語は使っていない。「リベルテイ」という音読のことばをくりかえして、その説明をしているだけである。

さて、その続篇が、『明六雑誌』第十五号にある。そこで「自由」はまた顔を出す。

「レリヂアス・リベルテイ」　法教ノ事　人民己レノ信ズルトコロニ従ツテ得ル自由ノ権ナリ。

「シヴィル・リベルテイ」　人民己ノ志力ヲ展ルヲ得テ圧制ヲ受サル自由ノ権。

「自由」は、全く単独でではなく、説明つきで、「己レノ信ズルトコロニ従ッテ得ル」とか、「圧制ヲ受サル」とかの修飾語つきで使われるのである。遠慮がちに、しかし、結局は使われるのである。

このあたりが、「自由」という翻訳語に対する抵抗の、一つの限界であったのではないか。中村正直個人だけの問題ではなく、一つの時代が、このあたりで転換するように思われる。

幕末以来、「自由」という、一応慣例のごとく定まっていた翻訳語を、敢えて疑い、斥けようとした知識人たちの試みは、明治七、八年の頃には放棄される。文筆、言論の世界の大勢は、freedom や liberty の翻訳語としては、「自由」ということばに向って傾き、やがてそこに定まるのである。

幕末・明治初年の頃、近代西欧の思想のことばは、先人たちのさまざまな翻訳の試みで受けとめられた。試行錯誤がくり返され、さまざまな可能性が芽ばえた。が、試みの時代は、間もなく、あまり長くない期間のうちに終り、ある一つの方向が定まってくる。大勢は、そこに向って流れていくのである。「自由」ということばをかつて疑った福沢諭吉も、中村正直も、西も津田も加藤も、その勢いに敢えて抗しはしないのである。

4 なぜカセットの翻訳語が残っていくのか

一つの翻訳語は、なぜ、どのような過程で定まっていくのか。その問いに、一般的な形で答えることはむつかしい。が、私の見る限り、およそこういうことは言えるのではないだろうか。すなわち、その時代の識者から見て、もっともよいと思われることばが、翻訳語としての定まった座を占めるのではない、ということである。

むしろ、適当でない、と思われるようなことばが残る、とさえ言えるのではないか。freedomやlibertyに対する翻訳語もそうであった。これまで見てきた「自主」、「自在」、「不羈」、「寛弘」などの試みに比べて、「自由」の方がよい、ふさわしいことばである、と言える理由は乏しい。むしろ「自主」、「自在」、「不羈」、「寛弘」などは、「自由」の語感を避けて選ばれた、とも見られる。およそことばの基本的な意味をつかむ上で、端的に、いいか、悪いか、という価値評価の観点は重要である、と私は考える。「自由」は、この観点からみると、津田左右吉があの結論で言っているように、「我儘」と通ずることばであり、悪い意味、という語感を免れがたくもっていた。これに比べて、前の四つにはそれがない。むしろ、いい意味の語感をもっている。だからこそ、漢字・漢籍に通じていた当時の知識人たちに、敢えて選ばれたのであろう。

翻訳語は、どうやって定まっていくのか。この問いに対して、ここで、私のカセット効果の仮説を持ちだして考えてみよう。

翻訳語は、カセット効果をひき起しやすいことばである、と私は述べてきた。そればかりではない。逆に、カセット効果をひき起しやすいことばが、翻訳語として選ばれるのである。ことばを選び、定めるのは、結局、少数の識者ではない。民衆である。民衆は、カセット効果を起しやすいことばを、翻訳語として選びとるのである。なぜか。民衆は、翻訳語の原語の意味は知らなくても、それが異質なことばであることを感じ、自分たちの日常語の文脈に解消されないような差別可能な語感を残しておくのである。もちろん、正確に言えば、結果としてそのように選ばれている、というわけである。

カセット効果は、ことばがそれじしんでもっている意味と、文中で位置づけられた文脈上の意味との矛盾によってひき起される。この矛盾が大きいほど、カセット効果は大きい。これに対して適切な翻訳語を選ぶ、ということは、この矛盾を小さくする努力である。

翻訳者にとって、翻訳語を選ぶ、という努力は、原語に対して適切であり、かつ日本語として適切である、という両面からはかられていく。だが、いったん翻訳語として選ばれ、日本語の文脈の中に置かれたならば、そのことばの意味は、日本語の文脈の中だけで問われる。読者にとってそうであるばかりではない。翻訳者もまた、自らその翻訳語を日本文の文脈中に置くとき、原語からその翻訳語を切り離すのである。切り離し、原語とは一応まったく別の関係をつくりだそうとする。ここで、翻訳語とその原語とは、本質的に別の関係になる。そこから以後、翻訳語は、そのことばと、他の日本語による文脈との関係の面だけが問われることになる。翻訳者の努力は、翻訳語と文脈とのずれを調整し、できる限り矛盾を解消していこう、という方向に向っていくのである。

翻訳文の読者は、ふつうは、翻訳語について、その原語との関係は問わない。読者にとって、翻訳語は、原語とはまったく切り離されている。しかも、その翻訳語は、日本文の文脈上では、必ずどこかしっくりしないところがある。広い意味で矛盾ということばを使えば、翻訳語とは、文脈に対して矛盾をもつことばである。この矛盾によって、それが異質な言語の素姓をもっていることを感得するのである。

カセット効果とは、この異質な素姓に対する感覚である。それは、まだよく分っていない。よく分っていないものは、まぎれ込まれてはならない。切り離しておかなければならない。こうして、翻訳語とは、読者の側からみれば、文脈からは切り離すべきことば、ということになるのである。

翻訳者は、翻訳文を読むとき、もちろん、自らもまた矛盾にひっかかるのであるが、他方、頭の中の別のところで、原語を対照させ、意味を補おうとする、翻訳者には、切り離されたずれを解消させよう、とする意識が働いているのである。だが、読者の意識には当然、このような働きはない。結果として、翻訳者と読者とで、切り離されたことば、翻訳語に対する、扱い方の方向が、逆になるのである。

ソシュールによると、ことばは、意味するもの signifiant と、意味されるもの signifié とからできている。両者を、それぞれ、Sa、Sé、と略記しよう。Sa と Sé とは、一枚の紙の表裏のような関係である、と言う。このことを Sé/Sa と表現する。いま、一つの原語と、その翻訳語として使われたことばを、それぞれ、$Sé_1/Sa_1$、$Sé_2/Sa_2$ とする。すると、翻訳語とは、通常の常識によれば、$Sé_1/Sa_2$ のようなことば、ということになる。私は、このようなことばはあり得ない、と言うのである。

もっとも、ソシュールの著書では、このようなことばの存在を認めているようにも受取れる。その背景には、異なる言語と言っても、頭にあったのは、おもに同じヨーロッパ語の範囲であった、という事情もあろう。signifiant と signifié との間には、もともと必然的な関係がない arbitraire である、という考えを徹底させれば、$Sé_1/Sa_2$ のようなことばは存在し得ないはずである。

ことばの意味は、ことばどうしが切離されていること différence によって与えられる。翻訳語も、これを文脈中で切り離しておこうとする読者にとっては、それは、新しく別の意味を与えようとする行為になるのである。すなわち、カセット効果がつくりだしていく意味である。

読者たちは、「自主」や「自在」や「不羈」や「寛弘」よりも、「自由」を選んだ。文脈中におかれて、もっとも différenciel であるようなことばが残り、こうして文脈中に居坐り始めたことばは、それが他のことばに対して différenciel であることによって、もう一つの意味を持ち始めるのである。

二、カセット効果による意味構造の変換

1　翻訳語は別の意味をつくる

第一章にも少し紹介したように、「自由」ということばは、明治初年の頃、たちまち流行語となった。人々がしきりに口にした「自由」は、まず、freedom や liberty とは別の arbitraire なことばであり、私たちの伝統的な文脈に位置づけられねばならないことばであった。「自主自由と中文字を砕いて見るに自は自分、主は主じ、由はよると訓す」と説明を求められるようなことばである。「自由」は、日本語だったのである。

「自由」ということばは、日本語である、昔から日本にも、中国にもあった、という考えは、「自由」を歓迎した人々ばかりでなく、「自由」に反対した昔気質の人々にもあったらしい。

明治十二年に出た、辻弘想の『開化のはなし』には、保守的な思想の持主と、開化論者との問答の場

面がある。保守家はそこで、「人に自由の性あるは、日本も支那も昔から知れたこと、其を西洋から、新舶来などゝ思ふて、驚愕さるゝな、漢癖想ふべし自由の性が人に禀けてあるからこそ、聖人も、恭謙譲とて、謙の一字は、四書六経に目を衝くほど説き並べたり、一箇の人が自由を恣にするときは、父無く君なきの世となり、所謂強い者勝ちなり、謙とは、自分の自由を殺《そ》ぎて、思ふ存分にせぬことなり」と述べ立てている。明治十年の児島彰二の『民権問答』でも、この頃はやったらしい問答形式で、やはり保守派の質問者が同じようなことを言う。「嗚呼天下誰カ自由ヲ欲セサランヤ。……如シ人民ニシテ其自由ヲ擅ニスル事ヲ得ハ、君主何ヲカ為サン、政令何ヲカ為サン。」という次第である。

「自由」は、第一に、freedom や liberty とは別の文脈における、別の関係をもつことばである。こうして「自由」は、日本語の文脈中にとり入れられ、同化されようとするが、しょせん無理である。文脈上の意味の矛盾は必ず起る。無意味であるにもかかわらず濫用され、意味のずれに気づかれない。広い意味での、意味の矛盾である。そこでカセット効果が現われ、矛盾はかくされる。

このことは、またこう言うこともできる。どうしても矛盾をひき起すようなことばは、文脈中の他のことばから切り離される。différencielなことばとされることによって、矛盾は避けられる。あるいは無視される。ところが、différence とは、意味そのものである。ソシュールの用語では、価値と翻訳される valeur であるが、本書での私の用語にひきつけて、意味と言おう。日常語の伝統的な意味とは違って、そこで与えられた意味である。意味の始源である。この、新しく生みだされた意味によって、翻訳語を含む文全体は、翻訳語を中心とする、別の意味の構造をもつようになる。意味の構造の変換が起るのである。私の用語で言えば、カセット効果による意味の構造の変換である。そうして新しくつくられた意味の構造は、すでに述べたように、演繹的な論理に貫かれた構造である。

理論的な説明が先になったが、このことを、「自由」について論じた具体的な文章で見てみよう。

2　一庶民の「自由」論の構造分析

前にも引用した明治八年の『明治の光』に、「自由」についての、横丁の御隠居風の講釈の一節がある。この部分を、以上述べた私の考えの具体例としてとりあげたい。文脈は屈折していて、意味がとりにくい。が、この意味のとりにくいところが、まさしくもう一つの次元における新しい意味の形成を語っている、と私は考える。

以下の文では、「自由」ということばの意味が混在しているが、その意味に従って、いくつかの段落に分け、それぞれの段落に番号をつける。文章の分析が問題なので、やむを得ず長々と引用し、後でまとめて考察しよう。

1　扨自由の文字を話すには、片方に不自由の文字を被告人の引合ひに立てなくては、理非明白致さす、是れを今の大学者殿方の流義にて咄せば、殊の外広大の御説に相成、早く申さは、日本は日本中にて、三千五百万人の催合《よりあ》ひ持ち、天子様でも大臣様でも、勝手に下々の自由を押しつけなされる訳には参らぬ、又人民衆も、是までの様に、びく〳〵せずと、胆玉を大きくして、遠慮会釈なく自由に存し寄りでも申て、太政官と倶稼に働らかなくては、日本に生れて居る義務が立たぬそと、凡右の通りの大趣意、我等かひ摘んで御話し申升が、尤高名なる学者達の横文字にも引合はせられ、念に念の入りたる究理説なれば、聊間違ひはあり升せぬ、

2　然し我等が、今夜の口真似をして、さあ皆様、明日から太政官と申合せ、自主の権理と自由の義務二ツともに持出して、御一所に働かしやれと申した所が、藪から棒の鼻の先き、呀騒々《ああさうさう》しい講話師たねと、取合つて下さらなけりや、千言万語も水の泡、淡雪仕立ての洒落茶椀、五椀七椀勧めたとても、御腹に満たぬは知れてある、

3　依て今晩は、先つ席開きにもあれば、自由の小口少々講し申さん、扨太政官なんその大きな咄しは、後ちに廻して、先つ差当り、銘々丈けの、自由と不自由を能々勘考する事専要なり、家内五人裏店住居の亭主でも、当時は誰彼の差別なく、藤原の義経とか、立花の秀吉とか、強儀な名前でも、些つとも遠慮に及はぬ時節、最《も》ふ夫丈けても、御上から、銘々の自由を御許しに成りて居る箇条の内じや、扨又紺の股引はき込んだ、月給一円の僕殿を、勅任奏任の馬車人力車に摺り違へて、日の丸扇こそ持たね、黒の丸笠で、河内の判官正成の後胤楠権助と言はぬ斗りて、十寸に余る亜刺比亜馬の大とく逞しきに、尻尾切つて鉄沓打たせ、西洋鞍に打跨り、丸の内を砂烟立て馳け行くあり様、威勢ではあり升せんか、何んと是が、昔の草履取り殿と見られうか、取りも直さす、藤吉郎が立身の姿にて、大名下郎の差別なく、則ち四民同権といふ自由の御許じや、扨是等は、皆御上より許されたる自由にて、自分で出来した自由ではない、

4　自分の自由といふは、手近ひ物で申せば、三度の飲み食ひより、暑寒の衣類、家族の住居と、先つこの三つの自由から始めなくては、中々太政官へ御助言申す段にも至らす、皆様ては、こんな事に、不自由な目を見る方にもあるまじ、我等が身の上に申升が、住居も今に作り得す、漸く月一円斗りの家賃出して、大屋殿が、二間口の瑣細な小屋を借用して、栄螺《さざえ》の如くかじまつて居る心根、哀れと思ふて下されよ、又飲み食ひも、一両一斗の上白は、月に一度か二度、鰻屋の二階に養生喰ひと出掛け、丼の中にて賞翫するより外には、遂ひに鼻の先きに光らせたる事もなく、大好物の天の美禄も、其日〳〵ヒールの抜け殻、二合半のふらすこで店通ひ、又衣類とても、どこの誰が抜き捨ての古着、柳原て才覚し、女郎の湯巻を頭にして、寒風を凌く位ひの身の上、万事万端右に准じて、夫は〳〵不自由千万、とふぞして我体や家内丈けは、自由の出来る様にと、一年三百六十五日、心苦身労致して居り升したが、流石は都の自由なる所に参りて居る事なれば、先き程より奮発して、女房は西洋流目利安の修行、娘は当時流行製糸の稽古と、時節相当の職を仕習はせたればこの春ははや人並の年を取りて、屠蘇の味淋代に差支えぬ位に成、僅是丈けの小自由でも、年始の御客数十人入らせらるゝに、亭主振りも、去年の正月、坐敷へ通し兼ねたる風情とは、遙に手際よく客も緩りと咄しがあれば、心得になるへき事とも聞もし聞れもし、開化発明せし事も色々出来ました、ヶ様に申せは、味淋が開花の妙薬かと、批難も有り升ふが、よく考へて御覧せよ、大かたそんなものであり升そへ、

5　我身一ッの自由も出来ぬ位ては、太政官の世話は扨置て、近所近辺の世話は愚か、附合ひも出来るものでは有り升まひ、早く申せば、寒中に単物一枚着て、ふる〳〵振へて、隣の太郎兵衛殿の方

に、惣領嫁取りの坐に、御客になりには行かれ升まい、とふ有つても袴羽織引掛けて、金百疋の祝儀は御極まり、午前の自由か手広く出来る丈ケ、先きの気受け取扱ひも念が入り升ふ、

6　皆様の中には、書生さんも見え升が、貴君方は、漢書や洋書を、自由に胸の中に貯へて、国憲とか民法とか申、種々の品物を十分御用意に成りて居れは、いつ何時ても、太政官の手伝に、おめず臆せず議論を述べられて、自主自由の極意を御出しなされる事が出来升す、

7　尤これは奥儀の所なれば、此席は前にも申通り、先つ小口丈けの御咄しに致し升、扨御上からも、銘々に自由を許してあり、又銘々にても自由が出来ぬでは、人間の道が立ぬ道理は、右に説きたれば、この上は、皆々その自由を身に着る工夫が第一と存じ升、その工夫は、唐大和古へより数限り無く教へ方も有り升が、辛抱や勘忍なんどゝと申せば、皆様の方が、道話本は我等よりも御委はしからふ、滅多に咄し出したら、先生そりや古い咄しで聞飽きして居升と言はれ升ふ故へ、何んても一とふし珍しく演説に及ひたき事に考へ居り升、席上も静りて、聞て下さるからは、定めて自由工夫の講釈は、心をとめて入らつしやる事と存じ升れば、念を入れて皆様の腹に合ふ様に、古方て無い新方の妙薬を盛り升ふ、

以上の「自由」に関する論義は、基本的に二つに分けて考えることができる。一つは、筆者自ら「小口」と言う「自由」である。もう一つは、これに対して、いわば「大口」の「自由」、お上の「自由」である。以下では、便宜上、前者を小口の「自由」、と表現し、後者を大口の「自由」、と表現しよう。

大口の「自由」は、段落で言えば、1と6で、典型的な形で語られている。これに対して、小口の「自由」は、段落4で、典型的に語られている。この二つについて、まず述べよう。

段落4における小口の「自由」は、くだけた日常語として熟しているものが多い。「不自由な目を見る」、「自由の出来る様に」など、「自由」は、ここでは無理なく文脈にとけこんでいる。また、4は、文が長い割に、「自由」ということばは少ない。つまり、濫用されていないのである。日常語の文脈中で、比較的自然に使われている傍証、となるであろう。小口の「自由」は、日本語の伝統的な文脈の中で生きていたことばである。翻訳語として使われる以前の「自由」である。

これに対して、1や6の段落における大口の「自由」は、翻訳語の「自由」である。筆者が、当時の明六社の知識人たちの著書を読んで知ったか、知識によって教えられた「自由」である。この大口の「自由」は、筆者にとって、結局遠いところにあり、あまり縁のないようにみえる「自由」である。大口の「自由」が、筆者にとって縁が遠いということは、1や6に続く段落、2や7ではっきり表明されている。「然し我等が、今夜の口真似をして、……所が、……呀騒々しい講話師たねと、取合つて下さらなけりや、千言万語も水の泡」とか、「これは奥儀の所なれば」という文句が、そのことを語っている。

しかし、重要なことは、筆者が、ここで、「水の泡」とか、「奥儀」とかのことばで、小口の「自由」と、大口の「自由」との断絶を語り、自ら断絶をつくっている、ということである。切り離し、difference を、自ずとつくりだしているのである。

切り離された大口の「自由」は、一見縁が遠くなったように見えるが、実はそうではない。切り離されることによって、日常語の語感ではとらえられぬような、ある、もう一つの意味が与えられている。すなわち、私の言うカセット効果である。大口の「自由」は、カセットとしてのことばである。従って、1や6の文は、「自由」について語っている、と言うよりも、「自由」のカセット効果によって語られている。筆者にとって、あまりよく分らない話なのである。

以上二つの「自由」、小口の「自由」と、大口の「自由」との基本的対立関係を念頭に置いて、残りの段落の文を見ていこう。

2の段落の文は、大口の「自由」が、小口の「自由」にとって、意味がない、という事情を語っている。

次の3の段落の文は、「依て今晩は、……自由の小口少々講し申さん」で始まり、前の2の文とは違っているように見える。が、最後に、「扨是等は、皆御上より許されたる自由にて、自分で出来した自由ではない」と打ち消される。やはり大口と小口との断絶を語っているのである。前の2の文よりは、一段と大口と小口の距離は狭まったか、と見えた、が、やはり離れている、と終ったのである。

5の段落の文では、まず「我身一ツの自由も出来ぬ位ては」と、小口の「自由」が語られる。次いで、「太政官の世話は扨置て」と、軽く大口の「自由」との関係にふれる。しかし、この文は、小口の「自由」だけを語っているのではない。遠いところにある大口の「自由」によって、身近な小口の「自由」が批判されているのである。「我身一ツの自由」が「出来」なくてはならぬ、という判断のかげに、大口の「自由」が彼方に存在している。前の3の文が、小口の「自由」から大口の「自由」を批判しているのに対して、ここでは、その反対の方向に、批判の思考が働いている。

終りの7の段落の文も、5と同じように、大口の「自由」から小口の「自由」へ、と思考が働いている。しかし、前の5では、大口は小口を批判していたのに対して、この7では、大口が小口を支持し、肯定している。「扨御上からも、銘々に自由を許してあり、又銘々にても自由が出来ぬでは、人間の道が立ぬ道理は、右に説きたれば、この上は、皆々その自由を身に着る工夫が第一と存じ升」と説く。抽象的な表現ながら、大口の「自由」と小口の「自由」とは、ここで論理的に脈絡がついた、とも見える。が、続いて、「辛抱」や「勘忍」が現われ、「先生そりや古い咄しで聞飽きして居升」と、ふたたび小口の方に引きもどされるのである。

以上の考察をまとめると、まず基本的に、日常語における「自由」、小口の「自由」と、翻訳語の「自由」、大口の「自由」とがある。後者は、前者とは違っている、という理由で、はっきり切り離されている。

小口と、大口と、それぞれの「自由」を語る文の中間に、両者の間の思考の運動を語る文がいくつかある。小口の「自由」は大口の「自由」を否定し、また逆に、大口の「自由」は小口の「自由」を批判し、そして、大口の「自由」が、小口の「自由」を支持する文が現われる。だが、それもまた逆の方向に、もう一度否定される。

以上の、大口と小口との間の思考の往復運動を通じて、はじめにはっきり切り離された大口の「自由」は、小口の「自由」に対して、別の次元での関係をもっている。すなわち、思考の往復運動それじたいの関係である。

大口の「自由」は、はじめに日常語から切り離され、ある、有難いが意味はよく分らないことばとして位置づけられた。カセット化されたのである。「自由」はカセットとして受けとめられた。そのカセットの効果によって、「自由」ということばは文中で濫用される。その濫用を通じて、カセットの「自由」は、日常語の「自由」と距離を置きながら、次第に一定の関係を保つようになる。カセットの「自由」は、あるべき「自由」、理想の「自由」であり、日常語の「自由」は、現にある「自由」、という関係である。あるべき「自由」は、現にある「自由」に対して思考の往復運動をくり返しながら、次第にその意味を明らかにしてくるであろう。いや、ここでは、まだその意味は明かされてはいない。が、その方向は、確かに見えている。

「自由」は、まずカセットとして丸ごと飲み込まれ、次いで、その効果によって思考の往復運動をひき起し、その過程を通じて、その過程によって生みだされるような意味が形成されていくのである。すなわち、それは、あるべき「自由」である。何かよくは分らないとしても、理想としての「自由」である。

第四章　society の翻訳語

一、『自由之理』における society の翻訳語

1　『自由之理』以前

今日「社会」と翻訳されている英語の society ということばは、幕末・明治初期の知識人にとって、とても取り扱いにくい、翻訳しにくいことばであった。福沢諭吉が、これを「交際」、「人間交際」と訳していることについては、私は前著『翻訳語の論理』で述べたが、中村正直もまた、ミルの『自由論』の翻訳で、society ととり組んで苦闘しているのである。

この時代の以前では、society は、翻訳上それほど困難なことばではなかったようであるし、明治初期以後、翻訳語が「社会」と定着して後は、society を「社会」と置き換えればすむことになったわけで、やはり翻訳しやすくなったのである。問題は、この二つの時代にはさまれた、翻訳という仕事が非常に困難、と感じられていた時代であろう、と私は考える。

前の時代から見ていこう。

安政五年（一八五八年）の『和蘭字彙』によると、society にほぼ対応させられているようなことばを拾ってみると、genoot が、「仲ヶ間」と訳されている。genootschap は「寄合又集会」である。maats が「仕事仲間」となっている。maatschappij が「組合」となっているが、その用例として、De oostindische maatschappij が、「東印度掛リノ組合」と訳されているので、これは、今日言う「会社」の意味である。元治元年（一八六四年）、村上英俊の『仏語明要』によると、societé が、「仲間、懇、交り」で、social が「仲間ノ」などとなっている。

この「仲間」という訳語は、明治以前から、明治初期の頃まで、だいたい定まった翻訳語であった、と思われる。明治二年の『薩摩辞書』という俗称で知られる『和訳英辞書』でも、society は、「仲間交《ナカママジワ》り、一致」である。明治四年、上海で刊行された『仏和辞典』では、societé が「仲ヶ間、社中、交り」である。

福沢諭吉は、すでに述べたように、幕末から明治にかけての諸著の中で、「交際」や「人間交際」ということばを使っていた。「交際」ということばは、福沢諭吉のことば使いの文脈の中でこそ、よく意味を持ちえた翻訳語であった。

2　翻訳の二つの方法

明治四年、中村正直は、J・S・ミルの On Liberty を、『自由之理』と題して翻訳し、出版した。この書は、もちろん「自由」がテーマである。が、「自由」の敵対者が何であるか、も、On Libertyの重要なテーマであった。

ミルにとって、libertyの、同書における最大の敵対者は、societyであった。かつて政治権力がlibertyの敵対者であった時代は、いくたびかの政治革命を通過して、一応過ぎていた。libertyに対立する問題としてsocietyに着眼したことは、ミルの発見であり、新しい時代の先覚者としての業績でもあった。

明治初年、中村正直が、この書を翻訳した時代には、このsocietyに対応できるような日本語は、実はほとんどなかったのである。ない、ということに、中村正直は気づいたのである。

適当な翻訳語がないとき、一般にどのような手段がとられるか。一つは、新しいことばをつくる、という方法である。すでに述べたように、ふつう「外来語」と呼ばれるカタカナのことばは、私の考えによれば、この方法と本質的に共通である。第二の方法は、母国語のうちにすでにあることばのうちから、比較的近いことばを選び、文脈の工夫と相まって、何とか原文の趣旨に近いような意味をつくりだす、という方法である。

今日、私たちが用いている翻訳の手段は、ほとんどすべて、この第一の方法によっている。これに対して、幕末・明治初期のある時期までの間は、この第二の方法がしきりに試みられた。二つの方法の違いは、直訳と意訳である、と言うこともできる。が、明治の先人たちの試みたのは、今日言う意訳よりも、ずっと自由な文章である。これが翻訳なのか、と思うほどの訳文がいくらもある。いくらか悪い意味もこめて、豪傑訳とも言われた。それらは、今日の私たちの目から見ると、誤訳だらけである。

しかし、誤訳とはいったい何なのか。society に対応するようなことばを持たない人々にとって、society の正訳とは何であるのか。「社会」か、「ソサエティ」か。

かつて、翻訳という仕事が非常に困難な時代があった。翻訳という仕事が非常に困難であることを、知識人たちがよく心得ていた時代があった。中村正直の『自由之理』における society の翻訳語は、この事情を雄弁に語っているように思う。

翻訳語として、新造語に頼らず、母国語を用いていこうとするとき、問題の焦点は二つある。一つは、翻訳語そのものの選択であり、もう一つは文脈上の工夫の努力である。society について言えば、「交際」という翻訳語を用いた福沢諭吉は、このことばを使いこなし、文脈のうちに意味を生み出すことに努力を傾けた。『自由之理』における中村正直は、ことばの選択に苦心が注がれている、と言うことができる。

3　さまざまな翻訳語を併用する翻訳方法

『自由之理』における society の翻訳語は、実にさまざまである。目についたところからあげていくと、「政府」、「人倫交際」、「仲間連中即チ政府」、「世俗」、「仲間」、「人民ノ会社即チ政府ヲ言フ」、「仲間会社即チ政府」「朋友会社」、「会社」、「総体人」、「総体仲間」、「会所」、などである。

中村正直は、society の翻訳語としてただ一つのことばを充てる、という方法を、全く放棄していた。

敢えてそうしていたのである、と私は考える。そのことによるプラスとマイナスを彼じしん考慮した上でのことである。

このような翻訳方法は、どのような結果をもたらすか。その事情を、次に図で示して考えてみよう。

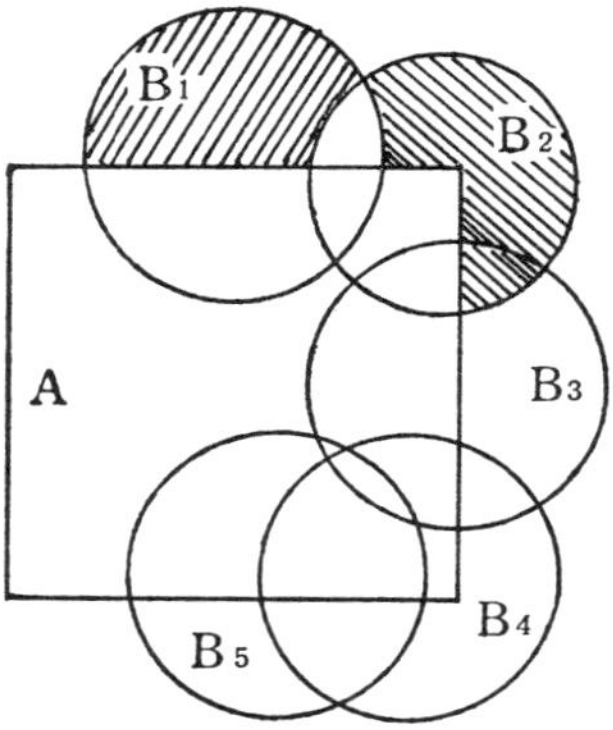

第5図

(第5図)

図はもちろん感覚的に表現したもので、図形の大小、重なり具合などに、正確な意味はない。が、これで翻訳の事情を端的に説明できる。Aを、原語の society の意味の範囲とし、B_1、B_2、B_3、B_4、B_5、などを、その翻訳語の意味の範囲とする。

まず、B_1、B_2、……などのそれぞれと、Aとの重なり合う部分が、かなり広くなっている。その合計がAをすっかりカバーできないとしても、B_1、B_2……などの一つだけを用いた翻訳のばあいより、はるかにその点は有利である。society の意味を、かなりのところまでとらえることができる。それこそ、翻訳者・中村正直のねらいであった。

もちろん、この方法によるマイナスもある。その第一は、B_1、B_2、……など、こちら側の翻訳語どうしの間の、意味の矛盾である。このことのために、誤訳のおそれも大きくなる。とくに、B_1、B_2、……

などのうち、たがいに重なり合わず、しかもAとも重なり合っていない意味どうしの矛盾は大きい。図では、斜線を引いた部分がその一つの例である。このことは、中村正直じしん、よく承知していた。誤訳はきっと起り、誤読もきっとされるだろう。止むをえないこと、と覚悟の上であった。それは後に述べる。

次に、もう一つ重要なマイナスは、原語の society の観念が、一つのまとまりをもって浮びあがってこないことである。これも覚悟の上のことであった、と私は考える。On Liberty は、society を敵対者とする liberty について説いている。この書で、もっとも重要なテーマは liberty であり、次いで society である。ところで、翻訳者・中村正直にとって、liberty も、society も、その適切な翻訳語はなかった。liberty の適切な訳語が日本語にない、と彼がよく承知していた事情については、前章に述べた。にもかかわらず、ここではただ一つの訳語「自由」を、それに対応させたのである。

一方、society については、前掲のように、多くの翻訳語を対応させた。そのため、『自由之理』の読者は、原語の society に対応するさまざまの訳語を通じて、原語に対応しうるような一つの観念は、なかなかつかめない。しかし、そのさまざまの翻訳語を通じて、総体として、ある、ぼんやりとした輪郭をもった全体が浮びあがってくる。それは、全体として「自由」を拘束している場面の像である。その場面の中で、ただ一つの用語で語られている「自由」は、確かにとらえられるのである。

「自由」は、生きた場面の中に描きだされている。「自由」という、それじたいではあまり意味のよく分らないことばは、具体的な、適切なことばで描かれる背景の中で、明らかな形としてとらえられてくる。翻訳『自由之理』の、第一の目的は達せられているのである。その、いわば引き立て役として、背景に応じ、場面に応じ、すなわちその文脈に応じて、適宜選ばれているあのさまざまなことばが生きているのである。

では、具体的に、その苦心の過程を、いくつか追ってみよう。

4 「政府」という翻訳語による誤訳

society の翻訳語として使われている『自由之理』のことばは、今日の私たちの目で見ると、まず原語との意味のずれが目立つ。「政府」とは、権力をもった機関であるが、society じしんは、権力以前の、事実としての存在で、機関とは別の概念である。「仲間」とは、共同体の意識に支えられた、その成員を指しているが、society は、共同体に限られず、成員を含む全体を指している。「会社」とか「会所」などは、一定の目的意識をもった結合体であるが、society は、それより広い意味をもっている。

しかし、意味のずればかりに注目せずに、共通部分にも目を向けてみよう。society とは「政府」の母胎である。少なくとも、ホッブス、ロック以後の西欧人たちの多くは、そう考えていた。ミルもその一人である。society と「政府」との間には契約が介在するとは言え、sosiety の意思は「政府」の意思、という考えは自然であった。society はまた、「仲間」や、「会社」、「会所」などの意味も含んでいる。society は、その成員を指すこともあり、目的意識で結ばれた、小さな結合体の意味もある。

中村正直は、このような事情は、ほとんど心得ていた、と思われる。決して意味を混同していたのではない。と言うよりも、むしろ意味を混同させたのである。

「政府」ということばは、翻訳文中で、society にもあてられているが、government にもあてられている。そして、government は必ず「政府」であるが、society にあてるばあいには、「政府、即チ仲間連中」とか、同一文脈中に、別のことばで言い換えたりしている例が多い。すなわち、society を「政府」と言うばあいは、government との区別を承知の上で、敢えて混同させていたのである。

しかし、この混同は、やはり危険でもあった。このための誤訳や誤読の危険は、翻訳書『自由之理』のいたるところにある。その一例をあげておこう。

抑モ政府ニテハ、教養ノ権アルノミナラズ、意見ノ権アリテ、人民ノ自ラ判断スル能ハザルモノヲシテ、己《オノレ》ガ意見ニ従ハシメ、又刑法ノ具アリテ、往々己ガ嫌悪軽賤スルモノヲシテ枉《マゲ》テ苦厄ヲ受シメシ悪弊アリシ事ユヱニ、政府〔即チ仲間会所〕ニ於テハ、謹ンデ多ク権勢ヲ得ント要スル勿レ。

ここで、「政府」と、「政府〔即チ仲間会所〕」は、原文では society である。そして、翻訳文の「又刑法ノ具アリテ」の部分は、and aided by the *natural penalties* となっている。*natural penalties* は、「刑法ノ具」のような人工的手段を用いない刑罰、という意味であろう。ミルが、わざわざイタリックで書いたのは、権力者、即ち「政府」による刑罰と、society による刑罰との違いを強調したかったからであろう。中村正直は、明らかに読み違えている。誤訳である。

この誤訳の結果として、読者は、「自由」の敵として、「刑法ノ具」をもった「政府」を考えるだろう。それはミルの原文の意図したところではない。ミルは、「刑法ノ具」のような露骨な手段はもたないが、それよりむしろおそるべき society の脅威に対して、liberty を守れ、と言っているのである。

5 誤訳の危険は覚悟の上であった

『自由之理』で society の翻訳語として使われていることばのうちで、「政府」ということばと、「仲間」ということばは、もっとも数が多い。あるときは「政府」、あるときは「仲間」、そしてまた、「仲間、即チ政府」のように、いっしょに使われている。中村正直は、これらを任意に使っているようにも見えるが、よく注意してみると、意識的に使い分けている、と見るべきばあいが多い。

「政府」と「仲間」とは、使用例が多いばかりでなく、彼の使った多くの翻訳語のうち、たがいにその意味が、もっとも対立しがちである。つまり、文脈上の矛盾を生ずるおそれが大きい。前の第5図で言えば、たがいに重なり合わず、society とも重なり合わない部分どうしの意味の対立が起りやすい。

『自由之理』の序論で、早速、「仲間連中即チ政府《》」ということばが現われる。society の訳語である。続いて government の訳語として「政府」ということばが置かれている。society を「即チ政府」としたのは、society と government との違いを混同していたからではない。問題は、原語のことばの違いを翻訳し分けることではない。日本語を使い分け、併用することばの使い方の工夫である。意味が矛盾しがちな「仲間」と「政府」とを併用すれば、カバーできる意味の範囲は広くなる。同時に矛盾の危険も大きくなる。

そこで、冒頭の文に続いて、次のような註を書いている。「仲間」が、どうして「政府」でありうるのか、という苦心の説明である。

本文ニイヘル仲間連中ニテ、一箇《ヒトリ》ノ人ノ上ニ施シ行フ権勢トイフ事ハ、下ヲ読テ自《オノヅカ》ラ知ラルヽ事ナレドモ、荒増コヽニ説クベシ、〇国中惣体ヲ一箇《ヒトツ》ノ村ト見ル。村中ニ家数《ヤカズ》百軒アルト見ル。コノ百軒ノ家ハミナ同等ノ百姓ニテ、貴賤ノ差別ナシ。然ルウヘハ、銘々安穏ニ暮《クラ》サルヽヤウニ、家業ヲ出精シ、ソノ他《ホカ》心ノ欲スルニ従ガヒ、自由ニ何ニ事ニテモ為シ、利益ヲ得テ宜シキ道理ナリ。固ヨリ他人ニ属シ、コレガ指揮ヲ受ベキ理ナク、マシテヤ、他人ニ強《シヒ》ラレ、吾ガ本心ノ是《ヨシ》トスルモノヲ行ヒ得ザル理ナキ事ナリ。サレドモコノ百軒ノ家ハ、互《タガ》ヒニ持チ合ヒテ一村トナリタルモノニシテ、タトヒ銘々檀那《ダンナ》ノ権《カブ》自由ノ権アリ、自由ニ己《オノレ》ガ便利ヲ謀リテ宜シキ訳《ワケ》トハイヒナガラ、村中総体ノ便利ヲモ謀ラザルベカラズ。或ハ、隣村ヨリ盗賊ノ襲ヒ入ル事モアレバ、相互《タガ》ヒニ力ヲ合セテ、コレヲ防ガザルベカラズ。サルカラニ申シ合セテ百軒ヨリ、毎年少々ヅヽ金銭ヲ出シ、村中総入用トナシ、年番ヲ立テ、五六軒ニテ、仲間ヲ組ミ、村中ノ事ヲ取リ扱カヒ、ソノ総入用ノ中ヲ以テ、或ハ橋ヲ架《カケ》シ、川ヲ浚《サラ》ヒ、道普請ヲ為シ、或ハ相応ノ武器ヲ備ヘ、或ハ凶年ノ為《タメ》ニトテ米穀ヲ蓄ハフ。コレ租税ノ姿ナリ。又村中ニ人ヲ殺スモノアリ、仲間連中ニテ評議シ、カヽル人ヲ赦シオカバ、惣体ノ害トナルベシトテ、コレヲ刑罰ニ行フ。コレ刑法院ノ姿ナリ。抑モ年番ニアタル仲間連中ハ、村中守護ノ役目ヲ持《モテ》ル事ナレバ、固ヨリ村中ノ事ヲ裁判スル権アリ。サレド、コノ権ガアマリニ強クナルトキハ、一箇ニテ自由ニ、事ヲ行フ事ノ妨トナル事ナレバ、仲間連中、即チ政府ニテ、一箇ノ人ノ上ニ施コシ行フ権勢ノ限界ヲ論定スルハ、人民ノ福祉ヲ増ンガ為メニ、一大関係ノ事トハナリタルナリ。

「仲間連中」が、やがて「武器ヲ備ヘ」、「評議シ」、「刑罰ニ行フ」「政府」をたてるに至る、という解釈は、ロック、ルソー以来の、social contract の思想の教えるところと似ている。contract という抽象的な形式によって society の全体をとらえる思考は無理だったので、有無相通ずる「村中ニ家数百軒」を想定したのであろう。とにかくここで、「仲間連中」が、「即チ政府」であるような観念の準備はできた。「仲間連中」が、そのまま「政府」であるとするのは無理としても、あるときは「仲間連中」、またあるときは「政府」となるであろう。「互ヒニ持チ合ヒテ一村トナ」るときは「仲間」で、やがて「評議シ、……刑罰ニ行フ」ときは「政府」であろう。その「仲間」と「政府」とは、全体として「一箇ニテ自由ニ事ヲ行フ事ノ妨トナル」、それがもっとも重要なのである。

そこで、先ほど私が中村正直の誤訳と指摘したところを、もう一度見てみよう。「抑モ政府ニテハ、教養ノ権アルノミナラズ、……又刑法ノ具アリテ、往々己ガ嫌悪軽賤スルモノヲシテ枉《マゲ》テ苦厄ヲ受シメシ悪弊アリシ事ユヱニ」、ここで、「刑法ノ具」の原語は、natural penalties であった。これは、「己ガ嫌悪軽賤スルモノヲシテ枉テ苦厄ヲ受シメシ悪弊アリシ事」と、直接脈絡をもつことばである。「自由」の敵である。とすれば、ここは、natural penalties を忠実に訳したことばよりも、「刑法ノ具」がふさわしい。日本文の文脈が、それを求めている、とも言えるのではないだろうか。
そして、natural penalties が「刑法ノ具」であるならば、それを使用する主格のことばは、「仲間連中」であるよりも、「政府」がふさわしい。そこで、「抑モ政府ニテハ」、と書きだされるのである。

6 「仲間」と「政府」の使い分け

『自由之理』で、「仲間連中」と「政府」とが、同じ society の翻訳語でありながら、日本文の文脈に従って書き分けられていた、と見られる例はたくさんある。次も、その一つの典型であろう。ミルの原文に、次のような一節がある。

The likings and dislikings of society, or of some powerful portion of it, are thus the main thing which has practically determined the rules laid down for general observance, under the penalties of law or opinion.

ここでは、society は、直接立法者であるのではない。が、practically に、すなわち事実上、法を制定する、と言っているのである。society と、法を制定する政府とは、こういう文脈では明らかに別の意味になるのである。
society と、government との違いは、中村正直も承知していた。承知の上で、society の翻訳語の一つに「政府」ということばを充てていたのである。が、こういう原文の文脈を前にすると、society の翻訳語は、どうしても「政府」とは別でなければならないことになるのである。

ところで、およそ government の外に society というものがあって、その society が、government に働きかけて間接的に法を制定させる、というような事情は、当時では、イギリスや西欧諸国に限られた話であった。当時の日本には、「政府」の外に、法を制定させるような影響力をもつ society のようなものは、存在していなかった。

ここで、中村正直は、法を直接制定する「政府」に対して、これと間接的な関係にあり、しかも法制定を働きかける存在を、「仲間連中」として区別して表現したのである。原文における government と society との関係は、「政府」と「仲間連中」との関係、として対応させられる。次の、彼のこの部分の翻訳は、この二つを明らかに翻訳し分けているのである。

何《イカ》ニトナレバ、律法或ハ意見議論ヲ以テ、人民総体ノ行儀ノ規則ト為シ、一般ニコレヲ守ラシムル情状《アリサマ》ハ、矢張《ヤハリ》国中ノ強キ仲間連中ノ好悪ヨリ生ズル律法意見議論ナリ。

以上は、前の原文に対応する部分である。続いて、こう述べている。

ソノ好ムトコロ、悪ムトコロ必シモ道理ノ正ニ出ズシテ、動《ヤヤ》モスレバ、異説ヲ抑ヘ新見ヲ拒ムノ弊アリ。且ツソノ政府、即チ強キ仲間連中ノ会所ニテ吟味スルトコロハ、我輩何《イカ》ナルモノヲ善シトシ好ムベク、何ナルモノヲ悪トシ悪ムベキヤト、ソノ好悪ノ理ニ当ラン事ヲ重《オモ》ニ穿鑿《センサク》スルナリ。元来、政府即チ会所ニテ、タトヒソノ好悪理ニ当ルトモ、コレヲ以テ人民ノ掟トナシ、政府ノ意見議論ヲ以テ人民行儀ノ規則トスル事ガ、道理ニ合《カナ》フカ、合ハザルカト、吟味スベキ筈ナレドモ兎角コレヲ忽《ユルガセ》ニシテ察セザルナリ。

以上で、「政府、即チ強キ仲間連中ノ会所」、「我輩」、「政府即チ会所」、「政府」が、原文の society に対応している。

この翻訳文を通して読むと、「強キ仲間連中」が、その好悪に従って、「政府即チ会所」において、「吟味」し、「規則」を定める、という意味になっている。「強キ仲間連中」は、「政府即チ会所」の成員であるが、事実上、practically に、その「好悪ヨリ生ズル律法意見議論」に従って、事を決めている。そう説かれ、かつ非難されているのである。

government の外で、その政策を事実上動かす society は、当時の日本にはなかった。が、「政府」の中で、その政策を事実上左右している「強キ仲間連中」はいた。society の多数派の、「自由」に対する抑圧への批判は、「政府即チ会所」における「強キ仲間連中」への批判、と翻訳されたのである。

ミルが本書で説いている個人に対する society の多数派の横暴とは、私たち日本人にとって、なかなか理解しにくいのではないだろうか。多数派とは、個人に対して横暴であるよりも、個人が結局は従うべき存在ではないか。個人にとって脅威であるのは、多数派というよりも、「強キ仲間連中」という党派であろう。自分がそれに属していない派閥であろう。藩閥であるか、閨閥であるか、学閥であるかなどの差はあるとしても、事情は、『自由之理』の当時から、今日まで、あまり変わっていないのではないか。中村正直が「仲間連中」と「政府」とを使い分け、説いたところは、そのような事情をとらえていたのである。

7　翻訳文によって、翻訳者は考えていた

『自由之理』の society の訳語で、「政府」や「仲間」についで目につくのは、「会社」とか「会所」である。たとえば、

人各々自由ニ吾ガ心ニ合ヘル朋友ヲ択ンデ会社ヲ結ブノ権アリ、マタ吾ガ心ニ合ハザル朋友会社ヲ避ルノ権アリ、

この「会社」および「朋友会社」は、いずれも原語では society である。文脈上ふさわしいことばであり、明らかに「政府」ではなく、「仲間」とも違う。

ところで、この「会社」は、次のように、「政府」や「仲間」と結びつく。

予コノ論文ヲ作ル目的ハ人民ノ会社即チ政府ヲ言フニテ、一箇《ヒトリ》ノ人民ヲ取リ扱ヒ、コレヲ支配スル道理ヲ説キ明ス事ナリ。即チ或ハ律法刑罰ヲ以テ、或ハ教化礼儀ヲ以テ、総体仲間ヨリ銘々一人エ施コシ行フベキソノ限界ヲ講ズル事ナリ。抑モ人ハ各〻自由ノ権アリテ、固ヨリ吾ガ欲スルトコロニ従ツテ為スベキ訳《ワケ》ニテ、他人ニ抑制セラルベキヤウナシ。シカラバ何故ニ仲間会社ニ支配セラルヽヤ。答ヘテ曰ク、人民自由ニ事ヲ行ツテ、相ヒ互ヒニ損害ナキ事ナレバ、仲間申シ合セノ会社ハ、イラヌモノナレド、中ニハ一方ノ自由ハ、一方ノ不自由トナリ、一方ノ利ハ、一方ノ害トナル事アルモノユヱニ、政府アリテ、人民自由ノ権ノ中ニ立チ入リ、コレト相ヒ関係シ、世話ヲスル事ナクシテ叶ハヌ事ナリ。サレバ、人民銘々自ラ守護スルタメニ、仲間会社即チ政府ニ支配セラルヽモノユヱニ、政府トイフモノハ、人民ヲ保護スルノ用ノミ。

ここで、society に対応するはずのことばが、たくさん使われている。「人民ノ会社即チ政府ヲ言フ」、「総体仲間」、「仲間会社」、「仲間」、「会社」、「政府」、「仲間会社即チ政府」、「政府」、など八つある。ところで、この部分の原文を見ると、society は、はじめの「人民ノ会社即チ政府ヲ言フ」に対応する一つがあるだけである。のこりの七つは、原文になく、中村正直が勝手につけ加えているのである。文の筋は、大体原文の筋を追っている。society に対応するようなことばが、とくに多いのである。

翻訳者は、ここで、原文の翻訳を借りて、society ということばの存在理由を考え、説いているのである。とりわけ、「政府」と翻訳されるような society の、成立の理由である。「何故ニ仲間会社ニ支配セラル、ヤ。答ヘテ曰ク、人民自由ニ事ヲ行ツテ、相ヒ互ヒニ損害ナキ事ナレバ、仲間申シ合セノ会社ハ、イラヌモノナレド」、それではたがいに不都合である。そこで、「仲間」が申し合せて「会社」をつくり、その「会社」が「政府」となる。「会社」という意識的な結合組織の観念を媒介として、「仲間」から「政府」に至る必然性を考えるのである。日常生活の「仲間」は、「会社」を組むことによって、やがて権力機関としての「政府」となる。だから、「政府トイフモノハ、人民ヲ保護スルノ用ノミ」と結論づけられるのである。

『自由之理』における society の翻訳は、ことばの置き換えではなかった。それぞれの文脈で、その場にふさわしい訳語を考え、選び、こうして選ばれた訳語の意味を、逆にその文脈の中で考えていた。翻訳語の意味を決定するのは、原文である以上に、翻訳文の文脈である。そう、この翻訳者は考えていた、と思われる。

それは、実に非能率的な仕事であったに違いない。たとえば、引用文中にも数多くあったさまざまの翻訳語を、ただ一つのことば、「仲間」でも、「政府」でも、「会社」でもよい、そのいずれか一つに決めて、機械的に society の場所へ置き換えていったら、仕事はずっと容易だったに違いない。たとえ society ということばは分らなくても、それはそれで翻訳ではないか。

実際、この数年後、society はそのように翻訳されることになる。society に限らず、翻訳の基本的な方法は、そのような方向に定まっていくのである。

二、翻訳語としての「社」、「世」

1　「社」の流行

『自由之理』でも使われていた「会社」ということばは、society の一つの意味を、かなりよく伝えていることばであった。「会」や「社」は、society を、限られた範囲の人々の集まりを指して言うときの意味と共通するところがある。

「社」ということばで、同じ目的で集まった複数の人々の集合や、その集合の名前を指す使い方は、明治以前からあった。蘭学研究者の集まりなど、一部で使われることばであった。

明治初年、このことばは、急激に流行し始めた。

明治七年に出版された加藤祐一の『文明開化』という啓蒙講話は、いつでも「御社中方」、という出だしで話し始めている。

御社中方……此頃……俗人仲間で社《しゃ》を結んで、神信心を勧め、……其社を結ぶといふのが、名こそ替れ旧習の講中といふのと同じ事で、……

同じ明治七年の頃、『明治文化全集』「新聞編」で見ると、「人力社」、「新聞社」、「展覧社」、などのことばが見える。「社」を結んだり、何々社、という名前をつけて人々が集まったりするのは、時代の流行であったようである。

おそらく、このような「社」の流行の中心に、明治六年に結成された「明六社」があった、と思われる。明六社は、福沢諭吉、西周、加藤弘之、森有礼、中村正直など、当代の代表的知識人を集め、集会を開き、『明六雑誌』を発行して、西欧新思想の啓蒙に努めていた。時代の最先端にあった華々しい存在だったのである。

明六社という、当時の代表的、模範的「社」が表現しているように、「社」とは、まず目的意識をもって集まった人々の集合を表現していた。そして、また、それは、かなり限られた人数の集合であった。その意味で、「社」ということばは、英語の society の基本的な意味と重なり合っているのである。テンニースの定義による Gemeinschaft ではなく、Geselschaft なのである。中村正直が『自由之理』で盛んに用いた「仲間」は、どちらかと言えば、この Gemeinschaft であった。前掲の加藤祐一の『文明開化』で、「俗人仲間で社を結んで」という言い方は、この「仲間」と「社」との違いを表わしている。「社」は、人々によって意識的に結ばれるのである。

「社」は、また、「会社」とも言われていた。『明六雑誌』第二号で、西村茂樹は、西周が「社」の規則などについて提案したのを受けて、「会社規則ノ事西先生ノ論文至当ノコトナルベシ、……」と述べている。今日、私たちが使っている「会社」ということばは、このあたりに起因するのであろう。明治三年、牛や馬の肉食をすすめ、牛乳などを製造する会が起され、「牛馬会社」と名付けられている。「社」は、また、「社中」とも言われていた。「社中」とは、「御社中方」と呼びかけるように、「社」の成員を表わしている。「慶応義塾社中　福沢諭吉」という使い方も、やはり成員という意味であるが、また、「社」と等しい意味で、人々の集合そのものをも表わしていた。

「社」、「会社」、「社中」など、「社」ということばで表現された意味は、まず、目的意識によって結合された人々の集合であった。そして、比較的少人数の人々を成員とする集合であった。その規模はどれくらいであったのか。たいていのばあい、直接口を交すほどの範囲か、せいぜい、目で見て顔ぐらいは知っているくらいまでの範囲ではなかったろうか。

2　「社」の限界

この「社」ということばから、やがて、明治七、八年頃、「社会」ということばがつくられ、societyの翻訳語として使われていく。その直前の頃における「社」について、考察してみよう。

「社」は、当時の人々にとって、society と、どのような対応関係をもつことばとして意識されていたか。当然、それは当時の流行語「社」を使い、かつ西欧語 society にも通じていた人々における問題である。

明治四年の『自由之理』では、「仲間」など、さまざまのことばで society を訳していた中村正直は、明治七年の『明六雑誌』で、「西学一斑」を書き、その中で、「ソーシアル・ヲアダア」ということばについて、こう説明している。

同類相親モノノ次序ト訳ス。人民種別ノ次序ト云ガ如シ。蓋シ方ハ類ヲ以テ聚リ、物ハ群ヲ以テ分ル。農人ハ農ト交リ、相好クシ相親シミ、心ヲ同ウシ、力ヲ合セテ農事ノ蕃盛ナランコトヲ務ムルナリ。百工芸業ミナソノ術業ヲ同クスルモノ相親愛シテ、ソノ術業ノ上進センコトヲ務ムル故ニ、各自一己ノ利ヲ謀ルコトナク、同芸相忌ミ同業相争フコトナシ。各ソノ会社ヲ設ケ、公同ノ益ヲ謀ルヲ「ソサイテイ」トイフ。ユヘニ「ソーシアル・ヲアダア」ハ国中兵農工売術芸会社等惣体釣合ヨク次序等ヲ得ルヲイフ。

ここでみると、「会社」は、society そのものではなく、society の中に含まれるようである。「各ソノ会社ヲ設ケ」、その「会社」が集まって society を形成する、と考えられているようである。中村正直は、『自由之理』でも、society ということばを相手に苦心惨澹していたが、ここでもだいじな、むつかしいことばである、と、正面にすえて考えている。一つの訳語を対応させて、片づけようとはしていない。society ということばが、われわれにはよく分らない、ということを、よく分っていた人であった。

「社」や、「会社」や、「社中」は、この時代にようやく胎動し始めた目的意識で結ばれた人々の集合であった。その成員は、多くない。そのような集合の観念が次第に広げられ、ことばを交し、視線を交す人々の範囲に限られず、もっと広い範囲にまで達したとき、society ということばの西欧近代における意味とつながるであろうか。

それは、しかし非常にむつかしい。同じような生活圏のあらゆる人々を含むような構想に対応することばとしては、すでに「国」ということばがある。あるいは、その「国」を代表する「政府」がある。

このような構想に対応することばとしては、日本語の伝統の中に、「世」ということばもあった。「世間」、「世の中」、などである。これらのことばと、society とのいちばん大きな違いは、おそらく、「世」や、「世間」や、「世の中」には、自分が含まれていない、ということであろう。とくに、「世間」がそうである。

「社」は小さい。が、そこには自分が含まれている。この「社」の視界が次第に開けていったとき、society に達しないであろうか。

明治七年、『明六雑誌』の創刊号の冒頭に、西周は、「社」の展望をこう語っている。


……而テ本員ノ外入社ノ者ハ議定ノ上文典ノ規則立テ刷板ノ期ニ至ラハ二三葉宛ノ摺物ヲ配賦シ其規則ヲ遵用セシメ、或ハ不審ノ廉アラハ質問ニ来ルヲ許シ、発明アラハ社ノ本員ニ呈シテ採用不採用ノ議ニ付スル等ノ特権ヲ仮スヘシ。而テ社中人ハ応酬書翰ヨリ学術文章ノ事ニ就テ論著スルコトアレハ、此法則ヲ遵用シテ習熟スルコトヲ要トスヘシ。尤世間ヘ出ス著述書翻訳書等ハ此例ニアラズ。如此クシテ社圏《シルクル》ヲ漸次ニ広メナハ三年ノ後国中ニテ二三万ノ社友ヲ得ヘシ。然ル時ハ三万人ト見テ九万円ノ積アルヘシ。此時ニ至ラハ印刷ナリ著述ナリ翻訳ナリ社中新聞ナリ何事ニテモナスヘカラサルナシ。……

新時代を先駆けている者の、盛んな意気が感じとれる。「社圏《シルクル》ヲ漸次ニ広メナハ三年ノ後国中ニテ二三万ノ社友ヲ得ヘシ」と言う。が、同時に、ここに「社」の展望の限界もある。「社友」をいかに広げても、「採用不採用ノ議ニ付スル等ノ特権ヲ仮ス」という目的意識に結ばれた「社」には、必ずその外の人々があり、その人々は見えてこない。

このような「社」の外の人々の世界は、ここでは「世間」ということばで語られている。「尤世間へ出ス著述書翻訳書等ハ此例ニアラス」と言う。「社」が、「世間」に向って「出ス」のである。このような「世間」には、自分も、自分たちも含まれていないのである。

3　翻訳語「世」の試み

西周の、前掲の「洋字ヲ以テ国語ヲ書スルノ論」には、「世道上《ソシユル》」ということばを中心に、いくつか society に対応するようなことばが使われている。この文について考察してみよう。

吾輩日常二三朋友ノ盍簪ニ於テ偶当時治乱盛衰ノ故、政治得失ノ跡ナト凡テ世故ニ就テ談論爰ニ及フ時ハ、動モスレハカノ欧洲諸国ト比較スルコト多カル中ニ、終ニハ彼ノ文明ヲ羨ミ我カ不開化ヲ歎シ、果テ々々ハ人民ノ愚如何トモスルナシト云フ事ニ帰シテ亦欷歔長太息ニ堪サル者アリ。

……　……

僕カ見ル所挙世ノ通患ニテ、是帰スル所賢智ノ寡ク愚不肖ノ衆クシテ其勢衆寡敵セサルナリ。是前ニ所謂人民ノ愚如何トモスルナキ者ナリ。是蓋在上者ノ政ヲ施シ令ヲ行フ上ニノミ通患タルニアラス。今日交際上ニテモ苟モ衆力ヲ合シテ一事ヲ企テント欲スル時ハ、必先ツ此一嶮岨ノ越ユヘカラサルヲ見ル。然ルニ此如キ人民ノ愚モ左提右挈、労来輔翼其苗ヲ揠クコトナク、去テ耘ラサルコトナク、時宜ヲ制シテ漸次開明ノ域ニ進マシムルハ素ヨリ当路諸公ノ任ニシテ、之ニ反スレハ其罪将サニ政事上ニ在ラントス。然トモ此弊ニ因テ斯世ノ民幸福ヲ蒙ルコトヲ得ス。衰弊ノ極救薬スヘカラサルニ至ルハ亦独リ政府ノ罪タルノミナラス抑其国人民自己世道上《ソシュル》ノ罪ニテ、苟モ賢智ノ徒タラントスル者ハ先ンシテ之ヲ救フコトナクンハ亦世道上ニ於テ其罪ナシト謂フヘカラス。今森先生ノ此学術文章ノ社ヲ結ハント欲スルモ蓋亦爰ニ在ルヘシ。ソレ所謂学ナリ術ナリ文章ナリハ皆カノ愚暗ヲ破リ一大艱険ヲ除クノ具ナレハ、僕謂フ苟モ人民私ニ世道上ニ就テカノ愚暗ノ大軍ヲ敗ラント欲スレハ之ヲ置テ他路ナカルヘシ。……

以上の文章中に、「世」が二つ、「交際」が一つ、「世道上」が三つある。「世」を憂える文であり、改まって書き始めた文章の出だしなので、このようなことばが多くなったのであろう。

まず「世」から見よう。「僕カ見ル所挙世ノ通患ニテ」や、「此幣ニ因テ斯世ノ民幸福ヲ蒙ルコトヲ得ス」では、「世」は、「見ル所」の「僕」や、事態を憂えている筆者の向うの彼方にあるかのようである。これは、「世」ということばに常につきまとっていた文脈上の意味である、と思う。

ところで、「世道上」はどうか。「ソシュル」は、もちろん social であるから、「世」または「世道」

が society に対応する、と考えられていた、と解される。このことばは、まず、「政府」と対立している。「独リ政府ノ罪タルノミナラス抑其国人民自己世道上ノ罪ニテ」というように、「政府ノ罪」と「世道上ノ罪」とが対句になっている。この意味では、かつて中村正直が『自由之理』で考えていた「仲間、即チ政府」というとらえ方よりも、society に近くなっている、と言ってよい。

次に、この「世道上ノ罪」は、「其国人民自己世道上ノ罪」と、「苟モ賢智ノ徒タラントスル者」も、ともに「亦世道上ニ於テ其罪ナシト謂フヘカラス」と対立関係をもっている。「人民」とは、「人民ノ愚如何トモスルナシ」の「人民」であるが、これに対し、これとともに、「賢智ノ徒タラントスル者」、すなわち筆者西周や、明六社の知識人たちも、「世道上ノ罪」を負う、と説かれているのである。

こうして理解してくると、西周がここで使っている「世」、あるいは「世道」とは、自分や自分たちも含み、かつ広い範囲の人々を成員として含んでいる意味であって、society に近い意味のことばであった、と言えるであろう。このような彼の理解は、多分に、「世道上」の傍に書かれた「ソシユル」ということばに導かれたもの、と考えられる。「ソシユルノ罪」は、social という英語のことばの意味に従って、「政府ノ罪」と対立し、別種類でなければならない。そして「政府ノ罪」と異質である、ということから、また「賢智ノ徒タラントスル者」が、「人民」とともに「罪」を負うことになるのである。

しかし、さらによく見てみると、必ずしもそうは言い切れない。一見同質に見える「人民自己世道上ノ罪」と、「苟モ賢智ノ徒タラントスル者」の「世道上ノ罪」とは、いわば「罪」の負い方が違っている。「人民」は、「自己」の「世道上ノ罪」を負う。「賢智ノ徒タラントスル者」は、「之ヲ救フ」者の立場から、「世道上ノ罪」を負う。結局、「自己」のではないのである。「世道」や「世」は、やはり自分じしんとは一つ離れた、向うの出来事を指すように使われていた、と言わざるを得ない。

「世」ということばは、「世間」、「世の中」、あるいはこの例の「世道」のように、文脈に応じて柔軟に使いこなされながら、society の翻訳語として十分役立ちうることばであった、と私は考える。使いこなし、育てられればよかったのである。だが、そうはならなかった。ここでも使われているもう一つのすぐれた有能な society の訳語「交際」とともに、やがて society の翻訳語としての地位が固まらぬうちに、消えてしまったのである。

三、カセット「社会」

1 「社会」の始まり

「社会」ということばが society の翻訳語としてはじめて使われたのは、明治七年、福地源一郎が『東京日日新聞』で使ったときであった、と言われている。

同じ明治七年、西周が、『明六雑誌』で、「非学者職分論」と題する文章の中で、次のように書いている。

……所謂刺衝ナル者人民ノ開明進歩ヨリシテ漸次ニ立タハ則チ適宜ニシテ可ナラン。若シ強テ之カ刺衝ヲ起サントセハ恐クハ過激タルヲ免レス。凡ソ此等ノ事人為ノ能ク為ル能ハサル者アリ。乃チ民間志気ノ振フナリ、社会ノ立ツナリ、極メテ可ナリ。朋党ノ与ルナリ、遂ニ一揆ノ始マルナリ、極メテ不可ナリ。

「刺衝ナル者」が「漸次ニ立タハ」、「民間志気ノ振フナリ、社会ノ立ツナリ」、よい結果になる、と言うのである。「立ツ」という述語は、「社」、「会社」などを主格としてもよく使われていた。ここで言う「社会」とは、「社」、「会社」、「社中」などと同じような意味であった、と考えられる。

明治八年、やはり『明六雑誌』に、森有礼が、「明六社第一年回役員改選ニ付演説」と題する文章を書いている。文中に、次のような「社会」がある。

……譬ヘハ此館ヲ音会楽会教会画会商会講会論会等百般有益ノ会事ニ用ルノ類ナリ。昨冬来社会演説ノ法起テヨリ漸「ソサエチー」ノ体裁ヲ得ルニ至レリ、然レトモ未タ之ヲ聴クノ後就テ討論批評スルノ段ニ至ラス。

この「社会」は、その前に、「音会楽会教会画会商会……」とあるので、「社」の「会」であるらしい。毎月二回の「社」の「会」で、演説を行なうようになってきた、そのことを言っているのである。

ところで、そのすぐ後の「ソサエチー」とは何か。当時アメリカから帰ってきたばかりの森有礼は、society と呼ばれる小集団が、アメリカ人の生活の中で重要な役割を果たしていることを知っていたに違いない。「社会」で演説し、「之ヲ聴クノ後就テ討論批評スル」ようになれば、「ソサエチー」の体裁が整う、と言っているのである。「ソサエチー」となりうるのは、「社会」であるのか、それとも「社」であろうか。

おそらく、明六社の人々の間では、「社」の「会」という意味でも、また「社」と同じような意味ででも、「社会」ということばはかなりよく使われていたのではないだろうか。「社」ということばを含む熟語は、彼らの間で、社則、社長、社益、社中、会社、立社、など、造語されたり、新しい意味を与えられたりして、盛んに口にされ、書かれたりしていた、と考えられる。そのような雰囲気の中から、「社会」ということばも生まれたのだと思う。そして、それは、目的意識によって集まった人々の集合、という意味での society と、かなり近い意味のことばである、ということも意識されていたであろう。

明六社の人々の発言は、当時の知識人や若者たちに圧倒的な影響力をもっていた。明六社の人々の間の造語、慣用語は、また新知識を求める多数の人々の使いたいことばでもあった。「社」や、「立社」や、「社中」も、おそらくそのようなことばの動きの中でとらえることができる。「社会」もまたその一つであったろう、と考えられるのである。

2　意味の乏しいことばが翻訳語として残る

「社会」ということばは、前記の明治七、八年からやや過ぎた頃、広く人々の間で使われるようになった。それは society の翻訳語として、またたくうちに定着した。society の翻訳語としては、「仲間」、「社」、「社中」、「交際」などもしばらくの間は使われているし、「社会」と共存しているが、何と言っても、「社会」だけは、出現とほとんど同時に、人々の間で流行した。そして明治二十年代を過ぎる頃は、他のことばはすっかり駆逐され、society のただ一つの翻訳語としての座を占めるようになる。その後しばらくの間も、翻訳語「社会」は時代の流行語であった。

明治九年、中島勝義の『俗夢驚談』という書物の中に、「社会」ということばがしきりに出てくる。とくにこのことばが目につくはじめの章、「国賊叛民ノ釈義」の中から、「社会」が使われている部分を抜き出してみよう。

……而シテ其政府カ残虐ヲ施シテ世上ノ安寧ヲ障碍スルト官吏カ刻薄ヲ行テ社会ノ幸福ヲ妨害スルトニ至テハ

……彼ノ所謂国賊反民ナル字義ニ至テハ、此ノ開明進渉ノ今日ニ際シ、啻ニ下等社会ノ文盲連中ニ於テ然ルノミナラズ、文ヲ読ミ書ヲ講ジ堂々ト天下ノ耳目ヲ以テ自任スル上等社会ノ学者文人ニシテ猶此謬見ヲ免カレズ……然レドモ其議論ヲ違ヘ所見ヲ異ニスル所ノ者ヲシテ仮ニ我々人民ニ有害ナル者トセハ、取リモ直サズ世上ノ安寧ヲ障碍シ社会ノ幸福ヲ妨害スルモノニシテ、

……而シテ政府ト雖モ官吏ト雖モ学者ト雖モ文人ト雖モ、社会ニ流毒シ世上ニ残害スルノ行事アラバ、亦之ニ下スニ国賊叛民ノ名ヲ以テスルモ妨ゲナシトス。

……軽挙暴動妄リニ干戈ヲ動カシテ無辜ノ民ヲ傷ケ社会ヲ騒擾シ世上ヲ動乱シ暴虎馮河死シテ悔ヒナキ者ノ如キモ、亦余ノ与ニセサル所也。

以上六つの文に使われている七つの「社会」を見ると、文脈上の意味が非常に乏しいことに気づく。二番目の文を除く五つの文中では、「社会」はいずれも「世上」と対になっている。この文章は、全体として美文調であるが、とくにこの「社会」は、対句の調子で語られているようにさえ見える。これらの文から、「社会」、「社会ノ」、「社会ニ」などを取り去っても、文意はあまり変わらないだろう。二番目の文では、「下等社会ノ」、「上等社会ノ」をそっくり取り去ってもよいだろう。

要するに、この筆者は、「社会」ということばを使いたかったのである。――しかし、この言い方は、私の考え方によれば、こう言い換えた方がよい。「社会」ということばが、人々をとらえ、敢えて使わせるように働きかけていたのだ、と。

ことばに意味が乏しいことは、人がそれを使わない理由になるよりも、はるかに、使う理由になる。この文章もまた、そのことを物語っている。それは、この筆者だけのことではない。当代の多数の人々、新知識を求めるすぐれた人々の精神にも、同じような事情が働いていたのである。

society の翻訳語として、どうして「社会」だけが残ったのだろうか。「交際」や、「仲間」や、「世」は、society とは意味がずれていたからだ、という理由は、一応考えられる。その意味のずれたことばを使って、幕末から明治初期の少数の先人たちは、何とか工夫し、過ち、悪戦苦闘していた。そして何とかその意味を通していた。これらに比べて、「社会」はもっとも意味の少ないことばであった。「社」ということばや、その熟語のうちでも、もっとも意味の乏しいことばであった。「会社」という造語も日本文の文脈における意味は乏しいが、ここにはまだ、「社」の一つだ、という語感がある。「社会」とひっくり返されると、「社」からは一段と遠くなる。

意味の乏しいことばが、むしろ積極的に求められたのである。それは、原語の society の意味を伝えやすいからではない。原語の意味も、もとの日本語の意味も、そのどちらもよく伝えていないことが、まさにことばが求められる理由になったのである。

カセット効果は、ことばの意味の豊かさとは反比例のような関係になる。中村正直のような、文脈に応じた翻訳語の使い分けでは、カセット効果はもっとも乏しい。

明六社を中心とする人々の「社」にも、カセット効果をうかがうことはできる。「社中」、「会社」などの流行現象が、そのことを物語っている。そのような society の翻訳語の歴史の中で「社会」はもっともカセット効果の大きいことばだったのである。

3 翻訳語「社会」の文脈上の意味

「社会」ということばは、その後いよいよ流行していく。ここで、時期をやや移して、明治二十年代の『風俗画報』からとった例をあげて、「社会」の考察を終えることにしよう。

明治二十三年、「人力車の利用」と題する論説の、終りの部分である。

抑々《そもそも》社会進歩の順序より見れば輿の駕籠《かご》となりて一進し人力を省き駕籠の人力車となりて二人を一人に減じたるは用器の進化せしものにして大に社会に益あり然れとも人を以て馬牛に代ふるは固より道理にあらず乃人をして馬牛たらしめず馬牛は自ら馬牛たらしめんと欲せは国人の富其度を高めて馬車を備ふるの易きと人力車を備ふるか如きの地位に達するの時代たらしめさるへからす今已に社会の進歩駸乎《しんこ》として其速《すみや》かなるより之を見れは早晩其地位に達するの時あるへしと雖も本邦の現況は尚未た人力車時代の範囲を出つることを得さるべし人間社会の情勢は道理の正しきありとも未た実際の利を屈すること能はす財産の度に踰《こ》ゆること能はす方《まさ》に文明に進むの途上にありて今俄かに人力車を廃することは苟《いやしく》も成し得さる所なり

ここでは、「社会」ということばがしきりに使われているが、前のあの『俗夢驚談』の例と比べて、それほど意味の乏しいことばではない。「社会進歩」というばあいには、「社会」ということばは必要であって、これを取り除いては文の意味が通らなくなる。

しかし、見方を変えて、意味の単位をもう少し大きくとってみよう。「社会」という一つのことばだけではなく、「社会」ということばを含む文を、ある長さまでとって、その文の文脈上の働きを考えてみるのである。

もっとも目につく四つ目の「社会」をみよう。「人間社会の情勢は道理の正しきありとも」という文は、それに続く「実際の利を屈する能はす」以下の文に対して、どのように意味がつながっているのであろうか。この「人間社会は……」の文は、必要ないのではないだろうか。以下の文の主張は、要するに「文明に進むの途上にありて今俄かに人力車を廃することは」できない、と言っている。この主張に対して、「人間社会は……」の文のもつ意味は、どうも乏しいのである。

他の三つの「社会」を含む文についても、これほどではないとしても、似たようなことが言えるのではないか。「社会」について直接語っている文は、どうも、文脈全体に対して、意味が乏しいのである。「抑々《そもそも》社会進歩の順序より見れは」以下、「大に社会に益あり」までの文がそうである。「今已に社会の進歩駸乎《しんこ》として其速かなるより之を見れは早晩其地位に達するの時あるへしと雖も」の文も、やはりそうである。

「社会」を含む文、そして「社会」がその中心になっているような文全体の、文脈上の意味が乏しい、ということは、結局のところ、「社会」ということばじたい、意味の乏しいことばであった、と言わざるを得ないのである。

だが、もう一度、見方を変えて眺め返してみよう。「社会」ということばを含む文は、この筆者の主張する文脈全体に対して、どういう位置を占めているだろうか。それは、筆者の主張が、人力車を使わざるを得ない実情を認めよ、と言っているのに対して、あるべき理想の状態を語っているのである。現実ではない。が、現実の上に君臨し、現実の進む彼方を指し示すような、ある観念の世界を語っているのである。この観念を語る文は、現実を語る文を支配してはいないとしても、不十分ながら、やはり演繹的な論理の関係で結ばれている。このような考え方は、この筆者だけでなく、一般に私たちにとっても、やはりものを考える上で重要な役割を果たしているのである。

こうして、「社会」ということばは、そのことばじしんの意味は依然乏しいとしても、日本語の文脈の中で、ある重要な役割を果たすことばとして、私たちの中で育っていったのである。

4 「社会」の意味はつくられていく

明治二十七年、『風俗画報』に「流行言語」と題する論説がのっている。文の多くの部分は、「社」ということばの語源についての文献上の考察に充てられているが、その部分を省略して、論説のはじめと終りだけを紹介したい。

明治以来文学隆盛随つて言語も大に変遷し漢字に当て新奇なる辞《ことば》を用ふる事甚多し新聞記者等妄《みだ》り

に新語を製して事を叙るに因り遂に一種の文体を為し国人は通すへけれ共他方に至りては稍嗤笑を免れさる者あり近時俗文中に社会といふ語行はれて明治社会青年社会人間社会或は単に社会と言て国民を指す事あり抑此社会と言へる文字は何の書に本づき何の出処有るや想ふに欧州人同志同学相会する辞を訳して社会の二字を撰みしものと覚ゆ社は本《もと》土地の神主を称する名なり……周礼に二十五家を社といふ又二十五家を里と為す里に各々社を立つ古へは二十五家相聚《あつま》る所には一社を立て土穀を祭り又其土地の大功有る者を之に配して神と為して崇め祀《まつ》れるなり

…… ……

今工商の徒同志居を構へて事を謀る者二三十人ならば社といふも可なり町村の学校などに数百名相聚る所を社といふは当らざるべし況んや青年社会後進社会の如きは億万の数あるものを僅かに二十五家の例に取りて社会と言ふは大を小に言ふ語にて甚た当らざるやに覚ゆ且つ社会の熟字古書に見当らず世の風潮に従つて無稽の文字を用ふるは恥べき事と思はる尚近世俗語俗文に穏やかならさる熟語を用る者多し追て挂くべし

明治二十七年の頃、「社会」はますます流行していた。この筆者の周囲でも、「明治社会青年社会人間社会」等、しきりに濫用され、識者の眉をひそませていたほどの事情をうかがうことができる。

ここで、筆者は、「社は本と土地の神主を称する名なり」以下、文献考証を説き続けていく。が、すでに述べたように、ことばの意味を、その語源に求めていくことは、意味をとらえるゆえんではない。

語源の意味は、共時的な文脈中に生きている限りで意味になりうるのである。

筆者がこのような主張をしていることは、むしろ、「社」ということばの意味が、明治初期の流行以来、この頃にまで生き続けていたことを物語っている。明六社を中心とする「社」、「会社」、「社会」などの意味である。だが、「社会」は、おそらく明六社の手を離れると同時に、それとは別の、もっと広い範囲の人々の生活圏を指すことばとして定着していた。

他方、それは、society ということばの意味とも違っている。日本語の文中で使われている「社会」ということばの意味について、西欧語の society から説き起し、批判したりすることは、「社会」の意味を語源の考証に求めるのと同じように、当を得ていない。

人々は、とにかく、はじめに「社会」ということばを口にしたのである。意味は、その後から次第に育ってくるであろう。「明治社会青年社会人間社会」等のことばの「誤用」、「濫用」を通じて、人々がかつて知らなかったような広い生活圏が、やがて見えてくるのである。

「社会」については、とくに明治の後半以後、社会問題、社会主義として使われていたばあいの考察が重要であるが、私はまったくふれなかった。これについては、山泉進「明治期における『社会主義』の形成」（『早稲田政治公法研究』一九七五年、第四号）を参照していただきたい。筆者はそこで、唯名論的《ノミナリスティック》ではなく、実在論的《リアリスティック》にとらえられた「社会」の、政治思想史上の意味を考察している。

第五章　カセット文化論

一、日本語特有の現象としてのカセット効果

私が述べてきた翻訳語のカセット効果のような現象は、日本に固有なことなのだろうか。たとえば、ヨーロッパ諸国語における、ラテン語やギリシャ語が、同じような意味をもっていないだろうか。確かに、そのような現象に似たことをうかがうことができる。

ヨーロッパ語の中でも、英語は、語形変化が少なく、外国語を比較的よく受け入れる言語である。芸術やファッション関係のことばにフランス語からのことばが入っているところは、日本のばあいと似ている。学問・思想のことばでは、ギリシャ語起源のことばが多い。これに対して、ラテン語起源のことばは、古くから英語の中に入り、まじり合い、すでに英語の一部になっている。英語国民にとって、ラテン語起源のことばは、外国語である、という語感は少ないであろう、と思われる。

たとえば、sympathy というギリシャ語起源のことばは、学問や思想の用語であり、高級な、むつかしい語感があるらしいが、compassion というラテン語起源の、これと同じ語形のことばは、日常語の語

感をもっているようである。hypothesis も、やはりむつかしいことばで、これと同じ形、同じような意味の supposition は、on the supposition that という熟語に使われるほど、くだけた言い方のことばである。metamorphosis と、transformation なども同様であろう。

フランス語やギリシャ語は、英語にとって、あたかも、漢字やカタカナの翻訳語が、私たちのやまとことばに対する関係である、とも言えるであろう。

しかし、この両者の違いもまた重要である。この点を、私は、ここでは重視する。フランス語やギリシャ語は、同じ語形のことばを英語じしんの中に持っていることからも知られるように、結局同じ系統の言語なのである。いわゆる屈折語の仲間なのである。これに対して、漢字とやまとことばとは、もともと、ことばの仕組みの違う言語の間柄である。漢字は、本来、やまとことば固有の、助詞、助動詞、用言の活用語尾などとは相性のないことばである。水と油の関係のことばであった。カタカナの翻訳語も、この漢字の性質を継承しているのである。

英語に対して、フランス語やギリシャ語などが同じ屈折語の仲間であり、日本語のやまとことばに対して、漢字やカタカナが、膠着語に対する、異質な孤立語の性質をもったことばであった、ということは、必ずしも、後者のばあいが、前者のばあいより縁が遠い、ということにはならない。私たちは、異質な言語であるにもかかわらず、「漢字」としてとり入れたのである。和漢混交文、というような文の形として、異質な言語の受容形式を育ててきた。そのために、かえって容易に、大量に、異質な言語のことばを受け入れてきた。近代以後のヨーロッパ語の翻訳は、この受容形式をかりてこそ可能だったのである。

こうして、異質なことばを、比較的容易に、どしどしと受け入れることができた、ということは、受け入れたものが、本来異質なことばである、という事実を見失わせた。これこそが、私の指摘する問題なのである。

西欧諸国の間でも、翻訳は盛んに行なわれている。彼らの間では、翻訳とは、自国語の文に直すこと、というのが大原則であるように見える。私たちは、翻訳とは、日本語の文であること、という方針は、明治の初年頃に捨てたのだ、と考える。翻訳語の一つ一つを、日本語の文としてなじませ、消化させる、というような手間は、とうていかけていられなくなった、とも言えるだろう。しょせん、翻訳語とは、原語ではないのだから、society を、「仲間」とか、「交際」とか、「政府」とか、前後の矛盾を調整しつつ、日本文の中で意味を通し、しかも原語の意味を伝える、という手数をかけても仕方があるまい。原語の意味は、一部分が伝わるにすぎない。とすれば、いっそのこと、もっと意味の少ないことばをもってきて、機械的に置き換えていったらよろしい。

そう考えた人がいた、というわけではない。誰も、はっきりとは、そう考えなかった。が、結果として、私たちの翻訳は、そのような、能率的な、ある賢明な方法をとったのである。

それは確かに一つの賢明な方法であった。とにかく丸ごと飲み込む。その意味は、詳しくは辞典を見よ、原書を読め。いや、詳しくは、ことばじしんに聞いてくれ。さし当って、わずかに手がかりがあり、それに頼って使っているうちに、次第に少しずつ分ってくるだろう。

明治の初期、私たちが西欧のことばを大量に迎え入れる前に、実は、長い間、その訓練を積んできていたのである。それは、漢字である。漢字で表現される名詞である。その多くは、漢字二字ずつで表現されている。漢字で表現されることばは、他のやまとことばのことばと、混在しながら、ある一線以上は、決して入りまじらなかった。私たちが漢字をはじめて受け入れた古代以来、外来のことばである漢字は、受け入れられる場所がきまっていた。時枝誠記の文法で言う、詞の座である。中でも名詞である。たとえば、「止揚する」とか、「実存的な」ということばでも、結局、「止揚」や「実存的」という名詞に、「する」や「な」というやまとことばがつけ加わった、と解釈することができる。これについては、後にまた述べよう。

こうしてやまとことばの中に、名詞として、漢字として受け入れられた異質なことばは、文脈上の働きも比較的乏しいまま、いつまでも異質なことばであった。私たちは、自ずと、そう区別してきたのである。異質な素姓のことばは、そう簡単にまじりこまれては困るのである。

逆にまた、このような準備があったから、異質な文明のことばを、容易にいつでもとり入れたのである。よくは分らない、が、分らないままでも、それほどさしつかえない。納めるための決まった場所があり、よく分っているものと、よく分らないものとがまじり合うことはないのだから。それは、昔からカセット収納のために充てられた場所なのであった。

二、カセット文化論の序

カセット効果は、もともとことばの現象である。が、ことばは私たちの精神を動かし、精神はまた、私たちの生活、文化、社会のあり方を動かしている。少なくとも、そのような面からものごとを考えていくことができる。とすれば、カセット効果は、私たち日本人の、精神、生活、文化、社会のあり方の至るところに現われ、生きている、と考えられる。

たとえば、私たちは、ものを考えるとき、むつかしいことを考えるときほど、漢字を思考の単位として頭脳を働かせている。漢字は、まず考えの出発点である。「人生」とは何ぞや、「美」とは何か、「現実」を直視せよ、など、まず前に漢字をおき、それから考え始める。

漢字はまた、思考の帰着点である。要するに「観念的」なのだ、あいつは「近代派」である、それが「状況」なのだ、など、思考は最後には、きっとこういう種類の漢字に到達して、しめくくられる。思考は、ここで漢字に預けられる。預かるにふさわしいカセットだからである。

漢字を好むのは、知識人に限らない。「幸福」だわ、という少女は、何かよく分らぬ意味を、この「幸福」という宝石箱の中に託したのである。私じしんの体験で言うと、かつて人里離れた海岸をぶらついていたとき、老婆に出会った。道を尋ねると、老婆は、どうしてこんな所へ来たのか、と言う。仕方なく、いろいろと説明したが分らない。そのうちに、老婆は「ああ、観光ですか」と言い、すっかり納得したようであった。「観光」という漢字二字は、あらゆる疑問を封じこめたのである。

私たちのこのようなものの考え方は、当然人々の生活の方式を動かしているに違いない。たとえば、新しい電気製品は、私たちの家庭の中にあっという間に入りこんでくる。たちまち日本国中の家々に、ま新しい、同じような形の電気製品が備えつけられる。その電気製品の意味を問わないからである。とにかくまずそっくり受け入れる。その準備が、私たちの精神のあり方としてできているからであろう。同じような現象は、学問、文化、社会などいろいろな分野に見いだされるに違いない。

そのような現象は、いずれも、私の言うカセット効果説がよくあてはまるのではないだろうか。カセットは、まず、日常的・伝統的な生活様式と脈絡をもっていない。脈絡抜きに受容される。カセットはよく意味が分らない。意味ではなく、価値をもった存在である。価値はプラスであるばあいが多いが、マイナスもある。マイナス価値の反応によって、それは又、突然そっくり捨てられる。カセットをおさめる場所はきまっている。それは、他の日常的・伝統的な事物と決して混同されない。カセットは、急激に流行し、誤用され、濫用され、慨嘆される。そして、カセットは、従来とは次元の違う、別の意味づけの秩序をつくりだす。

それは、カセット効果説の応用編として、いずれ考えてみたい、と思っている。

第六章　翻訳語「彼」

一、日本文に、固有の三人称の人称代名詞はなかった

1　翻訳代名詞は明治以後発達した

第一章で少しふれたが、今日の日本語の代名詞は、明治以後、翻訳を通じて発達してきたものが多い。翻訳語のうちでも、名詞や、サ行変格活用の動詞や、形容動詞は、明治以前から、翻訳語受け入れ可能であるように機能していて、明治以後もその基本的な形式を継承した、と考えられる。ところが、代名詞は、これらに比べて、とくに西欧の文章の翻訳上要請されて発達したもので、その歴史は浅い。従って、今日でも、なかなか私たちになじんでいない。文章語としてはずいぶん使われるようになったが、翻訳語臭が強く、翻訳語固有の性格が著しい。私の言うカセット効果が強く働くことばである。

代名詞を、構文上の機能という点から見ると、文と文との論理的関係を結ぶ働きが重要である。二つ以上の文を発言し、二つ目以下の文が、前のはじめの文と共通性をもっていることを表現するために、

代名詞が必要とされる。西欧語の関係代名詞は、日本語にはない。西欧語が、日本語に比べて、二つ以上の文を筋道立てて長くつないでいくことが容易であり、その点ですぐれているのも、関係代名詞に負うところが多い。

指示代名詞は、日本語にも一応あるので、西欧語と日本語との機能の違いとしては、あまり目立たないが、重要である。西欧文を日本文に直訳すると、「それ」、「これら」など、日本文にはなじみにくい指示代名詞が濫用される、という結果になる。しかも、ドイツ語、フランス語などの性の区別までは表現できないのである。やはり、西欧語に著しい、論理的機能のかなめのことば、と考えられる。

人称代名詞では、一人称、二人称に相当することばは、日本語にもれっきとしてある。しかし、「私」、「君」、「あなた」のようなことばでも、日常私たちはできる限り使わないようにしている。西欧文を日本文に翻訳するとき、直訳すると、どうしても日本文としては多すぎる結果になる。

とくに、これから私が論じる三人称代名詞は、西欧語に著しく、日本語で貧弱である。しかも、構文上、論理展開上、思想表現上の機能が重要である。翻訳の問題の、一つの焦点である、と考える。

2　明治における三人称の人称代名詞「彼」

学校文法や、今日の少なからぬ文法学説によると、西欧語の三人称代名詞に対応する日本語の代名詞は、「このかた」、「そのかた」、「あのかた」、および「彼」、ということになる。「このかた」、「そのかた」、「あのかた」「どのかた」は、時枝誠記がすでに指摘しているように、代名詞の固有の地位を与えるのはおかしい。「このひと」や、「この男」や、「このとき」、「このところ」、以下多数の複合語との区別がつかなくなる。日本語の代名詞の「こそあど」の体系の中に、人称代名詞に対応するものがなくなっては困る、という配慮からであろうが、しょせん無理である。

固有の三人称の人称代名詞は、日本語にはもともとなかったのだ、それで十分である。その事実をまず認めなければならない。

「彼《かれ》」という代名詞は、確かに人称代名詞としても使われていた。その用例は、明治以前に遠くさかのぼることができる。しかし、「彼《かれ》」は、人を指すよりも、ものを指すのがふつうであった。そして、人を指すばあいにも、例外として、軽蔑感をこめたり、特異な存在に対して使われた例が多い。三人称代名詞としての「彼」は、やはり明治以後、翻訳の必要や、翻訳調の文、西欧文の影響を受けた文を書く上で発達してきたのである。

幕末から明治にかけての辞書で、「彼」を調べてみよう。

慶応三年の、ヘボン『和英語林集成』によると、KARE は、That thing, that person, he、である。まず、もの、次いで人である。明治十九年の、ヘボンの第三版でも同様である。明治二十一年の、高橋五郎『漢英対照いろは辞典』では、「かれ」の項は、「彼、渠、夫、あのひと、He, that man or woman」となっている。ものはなく、人だけである。明治二十七年の、物集高見『日本大辞林』では、この反対に、人はなく、ものだけである。「かれ」が、「あれ。はなれたる方にある物の名にかへてよぶことば」となっている。明治二十四年の『言海』、明治四十二年版の『言海』、明治四十四年の金沢庄三郎『辞林』

では、いずれも、まず、人、次いでものを指す代名詞、となっている。

以上をまとめて言うと、「彼《かれ》」は、幕末から明治にかけての頃、人もものも指す、三人称代名詞であった。とくに明治の前期頃までは、どちらかと言えば、人よりも、まず、もの、を指し、明治の後期では、ものよりも、まず、人を指す、というように、わずかに変化していた、と言えるであろう。

3 「彼」の使用は、文章を論理化したか

三人称の人称代名詞としての「彼」は、日常語よりも、文章語として使われ、発達してきた。中でも、西欧文学の翻訳や、西欧の文学の影響を受けた日本文学の文章である。今日でも、「彼」は日常語として使われないことはないが、後に述べるように特殊な意味が強い。やはり主として文章語である。

奥村恒哉の「代名詞『彼、彼女、彼等』の考察」(『国語国文』二三巻一一号)は、次のように述べている。


以上で、我々は「彼、彼女、彼等」の成立事情を見てきた。口頭語にないこれらの言葉を言文一致体に導入するには運動の開始以来約十年の抵抗の多い時日が必要であったのである。さうして、一度定着すると今度は極端に使用頻度が増大するのである。相当の曲折があり、個人の文体に基く差がみとめられる――これらは別に叙述を必要とする――が、「小公子」の若松、菊池訳を比べてみても激増ぶりは十分わかるのである。二葉亭訳の「うき草」(三十年)は昭和二十七年の米川正夫訳(ルーヂン、創元文庫)がある。前者では「彼」四例のみであるが、後者では「彼」三〇二例、「彼女」一五四例、

「彼等」二例が訳出されてゐる。この程度になると個人的な文体の差とは言ひきれず、日本語そのものゝ一般的発展が感じられる。

確かに、一般的にはこのように言うことができる、と思う。しかし、ここで言う「一般的発展」の結果として、日本文における「彼」は、西欧文における he や sien や il などと同じほど多く、ふつうに使われるようになるであろうか。決してそうではない。たとえば、現代作家、安部公房の『夢の兵士』の英語訳（アンドリュー・ホルバト訳、原書房）がある。原文の日本文では、「彼」ということばは一つしかない。英文の訳文では、he は二六例もある。西欧文の he などと、日本文の「彼」との間には、今日でも容易に越えがたい断層がある、と言わなければならないだろう。

「彼」は、明治の中頃以後、文学翻訳の場を中心として、日本文の中で次第に使用例が増えてきたことは疑いない。使用例が増えるに従って、日本文の中で重要な役割を果たすようになったはずである。その役割とは何であったか。「彼」ということばの、日本文における意味である。

奥村恒哉は、前記論文で、次のように述べている。

これらの言葉の導入は日本語において如何なる意味を持つか。

同じ原文で時期のちがふ訳として二葉亭の「肖像画」（三十年）と、平井肇訳の「肖像画」（昭和十二年、岩波文庫）とを比較してみよう。二葉亭訳では「彼」一例があるが、平井訳では一二五例みとめられる。二葉亭訳の一例は平井訳一二五例の一例と共通である。……平井訳の他の一二四例が二葉亭訳ではどの様に処理されてゐるかを見ると、平井訳では、
もう一度その不思議な眼を見ようと思つて彼は肖像画の傍へ近寄つたが、
となつてゐるが、二葉亭訳では、
また肖像の不思議な眼を熟く視ようと思つて傍へ寄ると、
の如く単純に省略された例がもつとも多く、八四例（主格六八例、所有格一六例、目的格五例）であり、全体の六六・一パーセントにあたる。

…… ……

すなはち「彼」といふ新しい言葉は、今まで存してゐた何らかの言葉の代りとして出現したのではなく、今まで空白になつてゐた所へ主格所有格を充填する、といふ役割を果してゐるのである。しかも、主格の充塡の場合がもつとも多い（七七例、六二パーセント）のである。
「彼、彼女、彼等」の導入は文章の論理化と解される現象である。一般的に言つて、その頻度の増大は、現代語そのもの、論理化の徴証だと言へるのである。それは新しい語彙がふえたといふだけの問題ではない。

奥村論文のこの結論には、おそらく日本人、とくに知識人のほとんどは賛成するであろうと思う。私も、一概に否定はしない。三人称代名詞「彼」の使用の発達は、日本文の論理化である、ということは、

言えるかも知れない。が、一応そう言える、と言うにとどまる。他にも人々が全く見落としているだいじな意味がある、と私は考える。そして、論理化という面を強調することは、その、もう一つの意味をかくしてしまう結果になる。「彼」の導入は日本文の論理化である、という意見には、私は待ったをかけざるを得ない。

この論文では、「論理化」ということばについて、詳しく説明はしていない。が、「彼」の導入が文章の論理化である、というときの論理化という意味について、一応考えられるところを述べてみよう。

「彼」という三人称の人称代名詞は、まず代名詞の一般的な機能に従って、前のことばを受け、前の文とあとの文の共通性を明らかにする。前後の文における論理的な展開の条件を整える。

「彼」ということばは、また、とくに三人称である、という性格によって、現場にいない第三者の存在を明らかにする。

以上二つで、前者は、論理の時間的な展開の働き、後者は、論理の空間的な展開の働き、と言うことができるだろう。二つはともに重要だが、中でも、後の方を重視したい。従来、日本語には、代名詞も、人称代名詞も一応備わっていたが、三人称の人称代名詞の働きが乏しかったからである。

三人称の人称代名詞は、一般に、近代文学の用語として、技法として、大きな役割を果たしてきた。ロラン・バルトは、『零度のエクリチュール』(Roland Barthes: Le degré zéro de l'écriture 渡辺淳・沢村昂一訳、みすず書房)で、このことを指摘している。バルトによると、フランス語で物語りの叙述に使われる単純過去と、三人称代名詞 il「彼」とは、十九世紀の小説で完成された技法であった、と言う。それは、公然たる嘘を語る。物語られていることが事実である、というイメージと、同時に、それが作り物である、ということを表示する。バルトの言い方で、マスクをつけ、しかもそれがマスクであることを教えてしまう、というのである。アガサ・クリスティの小説で、殺人犯人が、実は物語りを語っている「私」であった、という巧妙な筋があるが、このトリックが成り立つのは、読者は、小説における行為者は「私」ではなく「彼」である、という約束を信用しているからである。

物語りを語る単純過去の時制が、論理的に整理された等質な時間をつくりだすのに対して、三人称代名詞は、どこをとっても等質な、普遍的な空間をつくりだす。「彼」は、目に見えない世界の涯まで、どこにでもいて、それぞれが独立した行為の主体である。

バルトは、このような小説の文章の叙述の形式を、そのまま普遍的である、と言っているのではない。このような形式によって、西欧のブルジョワ社会に固有の、普遍的であるという神話が語られる、と言うのである。

西欧の三人称代名詞の翻訳の影響によって、私たちが「彼」を使うようになった、ということは、たとえ、西欧語の三人称代名詞と同じ意味のことばであったとしても、すなわち普遍的な表現形式を獲得した、ということであるのだろうか。そのまま、日本語の文体が論理化された、ということであろうか。まして、私たちの「彼」は、he や il などとは、実はずい分違った意味のことばなのである。

4 「彼」は特別の存在を指していた

代名詞「かれ」は、元来日本語の「こそあど」の体系の遠称である。「これ」、「それ」、「あれ」、「どれ」における、「あれ」と同じように使われていた。中世の頃以来、「あれ」が、どちらかと言えば口語で使われるのに対し、「かれ」は文語というような違いはあったようである。

やまとことば「かれ」と、漢字「彼」とは、元来は別である。漢字「彼」は、「彼我」、「彼此」のように、二極対立の意味構造をもっているのに対して、「かれ」は、基本的に「こそあど」の日本語代名詞の体系に属している。漢字「彼」と、やまとことば「かれ」とは、くわしく考えれば違っているが、ここでは、それは問題にしないことにしよう。以下、「彼」とは「かれ」と同じという前提で論を進めていきたい。また、明治の頃、「彼」と並んで、漢字「渠」も使われていたが、これも「彼」と同じように考えておきたい。

代名詞「こそあど」の、「こそあ」の構造について、直観的な語感が、服部四郎によって次のように説かれている（「意味」、岩波講座『哲学』XI）。（第6図）

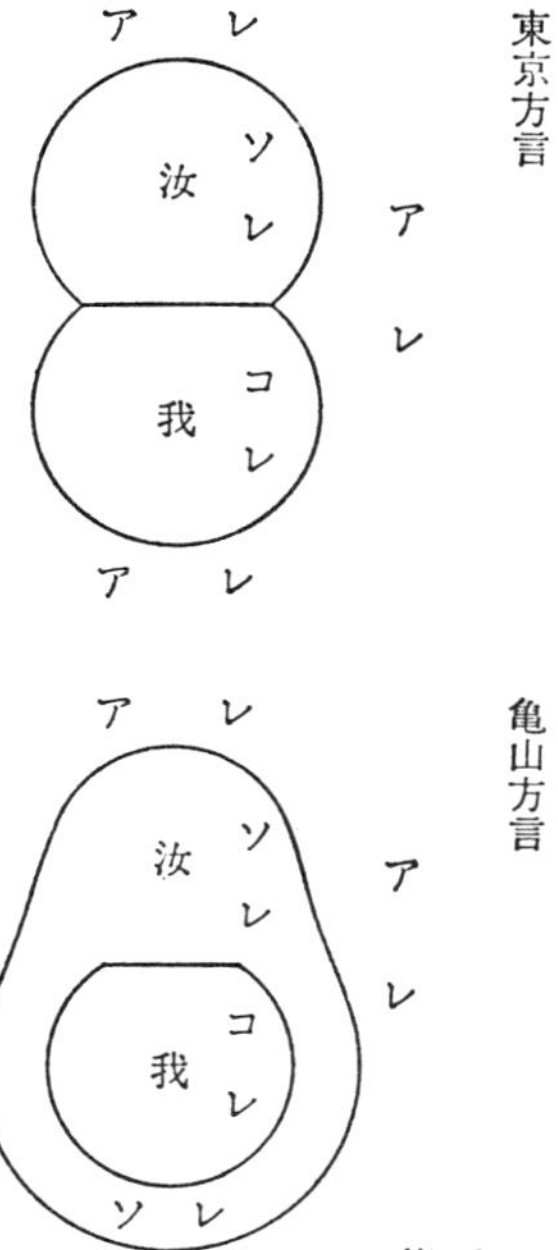

第6図

日本語の、コレ、ソレ、アレ、が空間的に指し示し得る範囲は、コレ《発話者に近い事物》、ソレ《話し相手に近い事物》、アレ《両者から遠い事物》と言われるが、私の方言では少し違うようだ。その差違を図示すれば図のようになろう。

「あれ」は、遠称というように、遠いところを指す、と言われているが、この図のように、外側という感じである。どちらの図もそうである。「これ」や「それ」が内側であるのに対して、「あれ」は無限に遠い彼方から、ある限界線までの外側である。そして、その外側から内側に向って現われているものを指している。「あれ」は、「これ」や「それ」と対等ではない。「こそあ」は、三者対等ではない。近中遠という距離の違いは、ある価値の違いを意味している。中でも、とくに「あれ」は、「これ」「それ」に対して異質である。

明治の頃、「彼」は、人称代名詞であるとともに、指示代名詞であった。人も物も指した。物を指して言うときの「彼」は、多分にこの「あれ」と共通していたに違いない。そして、人称代名詞として使われるときの「彼」も、物を指すときの「彼」とまったく別であったわけではない。当時、人を指して言うときの「彼」には、従って、「あれ」と共通の語感があったであろう。「彼」は、自分や自分たちとは、ある一線を画した、その外の、別の世界の人間を指して使われる傾向があった、と思われる。

前掲の奥村論文では、同じようなことが、「彼」「彼女」「彼等」について、次のように指摘されている。

「当世書生気質」（十九年）に

俗にいふお転婆なれども、彼女《かのぢよ》は活潑だ、などといって書生連によろこばれる小娘なり。

と一例認められる。もっともこれは遊女をさしてをり、隠語的ニュアンスがあつて純粋の代名詞とは言ひにくいけれども、この例が「彼女」の初出ではないか。

「流転」（二十二年）では「彼」二例。「婿えらび」（二十三年）では「彼」一例、「彼等」二例あるが、「彼」はある不真面目な男、「彼等」は当時異端者扱ひされてゐた男女交際論者をさしてゐて、純粋の代名詞とは言へず、紅葉初期の試みと同じく、代表される人物に対する好奇をともなふ軽蔑の意を強調して使用されてゐるのである。

ここで「隠語的ニュアンス」とか、「好奇をともなふ軽蔑の意」と言われているところは、当時の日本語「彼」が担っていた語感であった、と思われる。今日でも、年輩の人にはこの語感が残っていて、日常、ある人間を指して「彼」と言うことに抵抗感を感じる一つの理由になっているようである。あるいは、今日ふつうの感じで言えば、話題になっている人間を指して、「あれ」と言うばあいが稀にある。目下の人間や、やはり軽蔑の調子で言われるのであって、同じような使い方であろう。「彼」と言うときでも、たとえば「こなた」、「そなた」、「あなた」、「かなた」のように、「こそあ」の「あ」は「か」と共通である、という体系はいくらかでも残っているので、「彼」の遠称代名詞としての性格は、まったく失われてしまっているわけではないだろう。

5　日本文では、主語は表わし難いときがある

ところで、「彼」にまつわる特別な意味は、以上のような「あれ」と共通する日本語伝来の意味に由来するだけではない。明治後期以後、「彼」は he などヨーロッパ語の翻訳語として用いられたのである。その影響が、次の問題である。

英語などの横文字の文章を、私たちが読んでいて、人称代名詞についてまず気づくのは、いくらでもくり返されている、ということであろう。He said,……He said,……のようにいくらでもくり返され、くり返されることが決して邪魔になっていない。邪魔になるよりも、むしろ、文章に人間味がこめられることになって、読者は親しみをもつ、とさえ言われるのである。この点は、日本語の文とまったく逆である。日本文を書くときは、「私」も、「彼」も「彼女」も、書き手はできるだけ避けようとしている。使わないですむならつとめて書かない。読み手も、それを自然に受けとめるのである。

西欧語の文では、行為の主体は常に明言される。それが、一人称であるか、二人称、三人称であるかは、いわば二の次なのである。基本的な文型があり、それが人称によってどう変化するか、というように思考が働いている。文の人称は、その代名詞とともに、動詞などを変化させることによって、交換可能である。he は、I や you と交換可能な、対等の資格をもった存在を指すのである。

こうして、いつでも明言され、置き換え可能であるような代名詞によって指示されている存在は、一つ一つが独立した個体である。個体の限界は、はっきりしている。そのような個体と個体との間は断絶

している。

単数形と複数形がやかましく区別される、ということは、複数と言っても、ふつうは二つ以上無限まで含むのだから大して意味はない、と見るよりも、複数とは区別された単数形がある、ということの方が重要であろう。

we と I、they と he とは形が違っていて、「私」や「彼」に、「達」や「等」をつけてつくられるのではない。

行為の主体は、こうして窮極的には単数の個体であるような存在に帰着させられる。責任者は、はっきりしている。

これに対して、日本語では、文法構造上、行為の主体は、あまりはっきりしていない。たとえば、時折話題にされる「なる」という動詞がある。「する」ではなく、「なる」という動詞を、日本人は好むと言う。会議の席で報告するとき、「こうしました。」と言うと抵抗があるが、「こうなりました。」と言えば、すんなり通る、と言う。このばあい、「なりました」でなく、「した」のだろう、と反問することは正しいだろうか。「お安くなっています。」と言う八百屋に向って、嘘を言うな、「お安く」したんだろう、と問い返すことは、果たして事実をよりよくとらえていると言えるか。

行為は、必ずしも一人で決定するものではない。「お安く」なる行為には、八百屋ばかりでなく、客も、同業者も、参加している。窮極的な責任者をはっきりさせることは、必ずしも必要でない、と考えることもできるのではないか。

日本語の文章に、ふつう主語が少ないことについては、さまざまな説明がなされてきた。主語は省略される、という見方は、本来あるべきものを省略した、という前提であって、西欧の文をお手本とする考えである。妥当ではない。主語は、文脈上分ればよい。とくに必要があるばあい以外は表わさないのだ、という見方は、それよりもよく日本語に則した考えである。

しかし、もう一つ、主語は表わし難い、という事情もあるのではないだろうか。行為の主体は、必ずしも独立し、他と区別された個体である、と言えないようなばあいがあるからではないだろうか。

このことは、日本語固有の、自発の助動詞についても言えるだろう。たとえば、このような論文を書いていて、「――と考えられる」と表現することは、「――と私は考える」とは違う。前者は、主語を必然的に避けるのである。

6 よけいなことばとしての「彼」

明治の後半以後、日本語の文章の中で、「彼」ということばに負わされたのは、まず、この主語という重大な任務であった。奥村恒哉は、ここでこう言っている。「すなわち『彼』といふ新しい言葉は、今まで存してゐた何らかの言葉の代りとして出現したのではなく、今まで空白になつてゐた所へ主格所有格目的格を充填する、といふ役割を果してゐるのである。しかも、主格の充填の場合がもつとも多いのである。」

「彼」は、「今まで存してゐた何らかの言葉の代りとして出現したのではな」い、それは、その通りである。では、「今まで空白になつてゐた所」を「充塡」したのか。

「空白」はなかったのだ、と私は考える。一つの言語の体系に「空白」はない。言語構造にある変化が起り、しばらくたって人々がそれに慣れたとき、ふり返ってみて、かつてそこに「空白」があった、と感じるにすぎない。翻訳の場だけについて考えれば、原語の he に対応する日本文にことばが置かれていないのは、「空白」ともとれるかも知れない。それは、その翻訳文における「空白」であって、日本文における「空白」ではない。

しかし、翻訳語「彼」は、やがて日本文の中にも導入され、侵入し始めた。西欧小説、翻訳小説の影響を受けた日本の小説の文章である。明治四十年代に始まった自然主義文学は、その代表選手であった。日本文の中に導入され始めた「彼」は、まず第一に、空白を埋める必要なことばではなく、よけいなことばであった。なくてもいいのに、敢えて、多少の無理をして使われたことばである。

当時の小説家にとって、「彼」ということばには、二種類の意味が混在していた。一つは、文語調の遠称代名詞「彼」である。もう一つは、翻訳語としての三人称の人称代名詞「彼」である。

前者は、我や汝からは遠く離れた彼方から現われ、人ではあるが、もののようでもある。我や汝と対等の資格をもった存在ではない。ある行為の主体となるのは、きわめて稀なばあいに限られている。

後者は、遠いところにあるが、我や汝とは対等の資格をもった、れっきとした人間である。日常のあらゆる行為について、その主体として出現している。

以上二つの意味は、日本文の中に出現した「彼」に必ずつきまとう矛盾として現われざるをえない。

その矛盾が、「彼」に、もう一つの、もっとも重要な存在理由を与えている。すなわち、カセット効果である。

二、田山花袋の作品における「彼」

1 田山花袋『一兵卒』におけるカセット「彼」

明治四十一年一月、その前年に『蒲団』を発表したばかりの田山花袋は、短篇小説『一兵卒』を書いた。それは、次のように書き出されている。


彼は歩き出した。

銃が重い、背嚢《はいのう》が重い、アルミニューム製の金椀が腰の剣に当つてカタカタと鳴る。その音が興奮した神経をおびただしく刺激するので、幾度かそれを直して見たが、どうしても鳴る、カタカタと鳴る。もういやになつてしまつた。

病気は本当に治つたのでないから、呼吸が非常に切れる。全身には悪熱悪寒が絶えず往来する。頭脳が火のやうに熱して、こめかみがはげしい脈を打つ。なぜ、病院を出た？　軍医が後が大切だと言つてあれほど留めたのに、なぜ病院を出た？　かう思つたが、彼はそれを悔いはしなかつた。

以下、この主人公は、ずっと「彼」である。「彼」ということばは多くはないが、日本文のふつうの語り方で、そろそろ主語が出てきてもよい、というようなところで、「彼」が現われる。途中、身近に別の一人の兵士が現われる。その男は、こう描写されている。

列の中であツと言つたものがある。はツと思つて見ると、血がだら〳〵と暑い夕日に彩られて、その兵士はガツクリ前にのめつた。胸に弾丸が中つたのだ。その兵士はよい男だツた。快活で、洒脱で、何事にも気が置けなかつた。新城町のもので、若い嚊《かゝア》があつたはづだ。上陸当座は一緒によく徴発に行つたツけ。豚を逐ひ回したツけ。けれどあの男はもうこの世にゐないのだ。

文中私がふった傍点のことばは、これがもし英語の文章ならば、he となるはずである。とくに、「その兵士」と、すぐ続けて二度も言っているのは、少なくとも後の方は、当然 he である。

つまり、もしこの文章で使われている「彼」が、西欧語における三人称の人称代名詞と同じならば、ここでも「彼」として現われてこなければならないのである。そうでない、ということは、この文章の書き出しから現われる「彼」が、特定の人物、主人公だけを指すことばである、という意味になる。

「彼」は、主人公である一人の男だけを指して使われている。それは、通常の代名詞の本質的な機能に欠けている。前に現われた人物の「名詞」の「代」わりではない。

「彼」は、ほとんど名詞に等しい。はじめに「彼」がある。その「彼」の「代」わりに、あるいは名前があるかも知れない。

この小説は、次のようにして終る。

「気の毒だナ。」

「本当にかあいさうです。どこの者でせう。」

兵士が彼のポケットを探つた。軍隊手帳を引き出すのがわかる。彼の目にはその兵士の黒くたくましい顔と軍隊手帳を読むために卓上の蠟燭に近く歩み寄つたさまが映つた。三河国渥美郡福江村加藤平作……と読む声が続いて聞えた。故郷のさまが今一度その眼前に浮ぶ。母の顔、妻の顔、欅で囲んだ大きな家屋、裏から続いた滑らかな磯、碧い海、なじみの漁夫の顔……。

二人は黙つて立つてゐる。その顔は蒼く暗い。おり〳〵その身に対する同情の言葉が交される。彼はすでに死を明らかに自覚してゐた。けれどそれが別段苦しくも悲しくも感じない。二人の問題にしてゐるのは彼自身のことではなくて、他に物体があるやうに思はれる。たゞ、この苦痛、堪えにくいこの苦痛からのがれたいと思つた。

蠟燭がちら〳〵する。蟋蟀が同じくさびしく鳴いてゐる。

黎明に兵站部の軍医が来た。けれどその一時間前に、彼はすでに死んでゐた。一番の汽車が開路開路のかけ声とともに、鞍山站に向つて発車したころは、その残月が薄く白けて、さびしく空にかゝつてゐた。

しばらくして砲声が盛に聞え出した。九月一日の遼陽攻撃が始つた。


死にかけている「彼」のそばで、二人の兵士が、軍隊手帳の、「彼」の名前を読んでいる。「……加藤平作……」

それを聞きながら、「彼」は考えている。「二人が問題にしてゐるのは彼自身のことではなくて、他に物体があるやうに思はれる。」と。

「加藤平作」とは、その「物体」の名前である。今、ここで死んでいくのは「彼」である。「加藤平作」ではない。「彼」の「代名詞」である「加藤平作」ではない、かのようである。

はじめに「彼」がある。「彼」は人である。どのような人であるのか、どこか得体が知れない。「彼」は、名前のある誰それの代わりではない。代名詞というよりも、むしろ名詞である。

その「彼」という存在に、作者田山花袋は、ある運命を託した。それは、作者じしんの運命にもっとも似ている。はじめに「彼」ということばがあり、それが明確な意味をもったことばではなかったから、作者花袋は、そこに、ある重大な意味を託することができたのである。

すなわち、「彼」とはカセットであった。

「彼」ということばを、小説のいちばんはじめに置いた作者じしんにとって、そのことばの意味はあまり明らかではなかった。「彼」は、やまとことばの遠称代名詞であろうか。そうではない。れっきとした人間であり、独立した独自な運命を負って生きようとしている。では、三人称の人称代名詞であるのか。そうではない。名前を持った誰かの「代」わりの呼び方ではない。はじめに置かれた「彼」の前には、その固有名詞はない。固有名詞は、後で、最後に明かされるが、あたかも「彼」の「代」わりの呼び「名」のごとくである。「彼」は、文脈上、代名詞としての機能を果たしていない。

「彼」は、三人称であろうか。不特定多数のうちの任意の誰かを指すことばか。そうではない。特定の人物だけを指すことばである。では一人称の作者か。そうではない。それは作者よりも前に、ことばとして存在していて、作者はそれを引き寄せ、利用したのである。

「彼」は一人称でもなく、三人称でもない。もちろん二人称でもない。強いて言えば、一・五人称とも言うべきか。しょせん、それは「人称」の次元にはない、と言うべきか。

「彼」ということばがまず存在し、それは得体の知れぬカセットである。よくは分らないが、一つの小説の主人公たりうる重要な意味をもっている。そのカセット効果によって、田山花袋はこの小説『一兵卒』を書いたのである。

「彼」が、まず存在し、具体的な人間、そして小説の一々の情景も、その「彼」に支配されている。ここを貫く構成の論理は、やはり演繹的である、と言うべきだろう。

2　田山花袋『蒲団』における「彼」

『一兵卒』を書いた前年の九月、花袋は『蒲団』を発表している。言うまでもなく、日本近代文学史の時期を画する問題作である。私が『一兵卒』について先に述べたのは、「彼」という花袋の小説技法上の重要なことばの機能が、もっと端的に、典型的な形で表われているからであった。『蒲団』もまた、これと共通の「彼」をより所として書かれているのである。

『蒲団』は、次のように始まっている。

小石川の切支丹坂から極楽水に出る道のだらだら坂を下りやうとして彼は考へた。「これで自分と彼女との関係は一段落を告げた。三十六にもなつて、子供も三人あつて、あんなことを考へたかと思ふと、ばかばかしくなる。けれど……けれど……本当にこれが事実だらうか。

『蒲団』は、十一章からできている。その第一章が、こうして書き始められ、やがて次のようにして終る。

……ふとどういふ連想か、ハウプトマンの「寂しき人々」を思ひ出した。かうならぬ前に、この戯曲を彼女の日課として教へてやらうかと思つたことがあつた。ヨハンネス・フォケラートの心事と悲哀とを教へてやりたかつた。この戯曲を彼が読んだのは今から三年以前、まだ彼女のこの世にあることをも夢にも知らなかつたころであつたが、そのころから彼はさびしい人であつた。あへてヨハンネスにその身を比さうとはしなかつたが、アンナのやうな女がもしあつたなら、さういふ悲劇に陥るのは当然だとしみ〴〵同情した。今はそのヨハンネスにさえもなれぬ身だと思つて長嘆した。
さすがに「寂しき人々」を彼女に教へなかつたが、ツルゲネーフの「ファースト」といふ短編を教へたことがあつた。ランプの光明らかなる四畳半の書斎、彼女の若々しい心は色彩ある恋物語にあこがれ渡つて、表情ある目はさらに深い深い意味をもつて輝きわたつた。ハイカラな庇髪、櫛、リボン、ランプの光線がその半身を照らして、一巻の書籍に顔を近く寄せると、言ふに言はれぬ香水のかをり、肉のかをり、女のかをり――書中の主人公が昔の恋人に「ファースト」を読んで聞かせる段を講釈する時には男の声もはげしく戦へた。
「けれど、もうだめだ！」
と、彼は再び頭髪をむしつた。

以上で、第一章は終る。続いて、第二章が次のようにして始まる。

彼は名を竹中時雄と謂つた。

ここから、小説では、主人公は、「彼」とも言われるが、「時雄」という呼び方が多くなる。そこで、引用したここまでのところを見ると、その構想が『一兵卒』とよく似ていることに気づく。はじめに「彼」があり、「彼」について語られ、やがて名前が明かされる。

名前を持った存在は、「彼」とは別である。『一兵卒』では、自分の名前が読みあげられるのを「他に物体があるやうに思」い、その「物体」の名前であるかのごとく、それとは別に、「彼」として死んでいった。『蒲団』では、「彼」の名前が出ると、舞台は不意に一転する。

彼は名を竹中時雄と謂つた。

今より三年前、三人目の子が細君の腹にできて、新婚の快楽などはとうに覚め尽したころであつた。世の中の忙しい事業も意味がなく、一生作《ライフワーク》に力を尽す勇気もなく、日常の生活――朝起きて、出勤して、午後四時に帰つて来て、同じやうに細君の顔を見て、飯を食つて眠るといふ単調なる生活につくづくとあき果てゝしまつた。……

名前は、世間の中にある。たとえ作者がつくった名前であっても、実在する名前らしくつけた以上、実在するらしい約束事を離れることはできない。

『一兵卒』でも、「加藤平作」という名前は、「三河国渥美郡福江村」という住所とともに出現し、続いて「故郷のさま」が浮かびあがってきた。

「彼」は、世間の中にいない。世間に実在している日常の日本語が、「彼」を持っていないからである。

3　花袋は、「彼」、「彼女」にとりつかれていた

「彼女」ということばも、『蒲団』第一章の中で「彼」と似た働きをしている。「彼女」は、「彼」と違って、日本語の中に従来なかった。明治十九年の『当世書生気質』以後、おもに小説中で使われだしたことばである。従って、西欧語の三人称の人称代名詞 she の翻訳語である、という以外の意味は、非常に稀薄である。日本文の文章中では、「彼」以上に孤立し、書く人にも読む人にも抵抗感があったはずである。

『蒲団』の第一章では、「彼」が十例、「彼女」が九例使われている。やや多すぎる感じだが、問題はその数ではない。「彼」が主人公として語られている以上、その相手も「彼女」にせざるを得なかった、という事情もあるわけだが、問題はその使われ方である。たとえば、

「とにかく時機は過ぎ去つた。彼女はすでに他人の所有だ！」歩きながら彼はこう絶叫して頭髪をむしつた。

「彼」も「彼女」も、まず文章語として使われ始めたのである。小説中、会話の文に現われることは、今日でも非常に少ない。当時、このような言い方は、口語の言い方としてはなかったに違いない。きざな表現ともとれるが、むしろ大まじめである。敢えてこのことばを使ったのである。

「彼」も、「彼女」も、きわめて意識的に、敢えて使われたことばであった。意識的、と言うのは、そのことばの意味内容について明確な意識をもっていた、ということではない。日本文の文脈における

異和感を十分心得、それにもかかわらず用いてみるということばの使い方について意識していたのである。

とにかく、田山花袋は、このことばを使いたかった。日本文にそれが欠けていたからではない。花袋の思想が必然的にそれを求めたから、と言うのも当らない、と考える。ことばのカセット効果に誘惑されたのである。ことばが、使われることを求めたのである。

花袋が当時愛読していた西欧の小説では、he や she などは至るところに使われていた。三人称の小説文体は完成し、円熟していたのである。おそらく西欧の文章を、そのまま読んでいるのであれば、he や she の存在は特異でもなかったに違いない。横文字を日本文に翻訳したとき、そこに必然的に「彼」や「彼女」が現われてきたのである。

花袋は、この必要であるらしいが、日本文にとってはよけいなことばにとりつかれた。とりつかれた結果として、このことばに、かつて知らなかった重要な機能を担わせることになったのである。——このあたりの私の論理は、通常、歴史家や文学史家が説くところとは正反対であるので、注意していただきたい。

歴史的なものの見方は、十九世紀以来、思想界・学界の主流である。その成果を、私は決して無視するのではないが、それはまた、反面に偏見を抱きがちである。歴史的なものの見方は、過去のある事実が、その後に起った事実のために存在している、という見方に執着する。そのような見方の、ある有効性は、私も否定しない。が、人々は執着しすぎている。私は、反対の立場から見たいのである。

4 カセット「彼」は、「自分」になる

「彼」ということばを敢えて使ってみたとき、おそらく思いもかけなかったような世界が開けてきた。「彼」は、第一人称でもなく、第三人称でもなかった。そのことのために、時に第一人称でもあり、また時には第三人称でもあるような、不確定な機能のことばとして扱われることになった。こうして、「彼」ということばに、ある意味が与えられることになったのである。

すなわち、第一章では、「彼」は「自分」になり、第二章以下では、「彼」は「竹中時雄」になるのである。

「彼」が「竹中時雄」となるのは、それほど無理なことではないが、「彼」が「自分」となるのはむつかしい、と思われるかも知れない。もし「彼」が、遠称代名詞か、三人称の人称代名詞であったならば、それを「自分」にするのは非常に困難だったはずである。

しかし、「彼」は、実はそのどちらでもなかった。まず、カセットであった。カセットのことばは、それじしんの意味は乏しい。乏しいために、文脈上の工夫如何では、どのような意味でも与えられるのである。

まず、「自分」という意味が与えられていく第一章を見よう。

小石川の切支丹坂から極楽水に出る道のだらだら坂を下りやうとして彼は考へた。「これで自分と

彼女との関係は一段落を告げた。……」

ここで、「自分」は結局「彼」である、と言うことはできる。が、この二つの間を、かっこが区切っている。小説の冒頭、まず「彼」が登場し、ついで「自分」が現われた。両者は結局同じであるが、まだ距離は遠い。「彼」を、「自分」という面からとらえようとしている、という作者の構想の方向は、ここですでに現われている。

ついで、こういう「自分」が語られる。

少なくとも男はさう信じてゐた。それであるのに、二三日来のこの出来事、これから考へると、女は確かにその感情を偽り売つたのだ。自分を欺いたのだと男は幾度も思つた。けれど文学者だけに、この男は自ら自分の心理を客観するだけの余裕をもつてゐた。

「彼」は、「男」に代わっている。その「男」が、「自分」と、ここで近づこうとしている。「彼」と「自分」との距離は、元来遠い。「彼」は「あれ」に通ずることばだからである。が、「男」ならば、身近になじんできたことばである。まだ、「自分」は近づきやすいはずである。

「自分を欺いたのだと男は幾度も思つた。」前の、かっこつきの直接話法の言い方が、ここでは間接話法になり、「自分」と「男」との距離は、はじめの、「自分」と「彼」との距離よりも近くなった。だが、この文の主格は「男」であって、「自分」ではない。次の「この男は自ら自分の心理を客観するだけの余裕をもつてゐた。」でも同様である。

次に、こういう「自分」が語られている。

一歩を譲つて女は自分を愛して恋してゐたとしても、自分は師、彼女は門弟、自分は妻あり子ある身、彼女は妙齢の美しい花、そこに互ひに意識の加はるのをいかんともすることはできまい。

ここでは、「自分」は、「彼女」と対になっている。連続して三対並んでいる。「彼女」は、「彼」の対である。そして、ここでは、「彼」の代わりに「自分」が置かれている。間接的ながら、論理的には、「自分」は「彼」と等しい地位を占めているわけである。

ついで、「自分」は、「彼」とまったく等しい意味を得る文が現われる。

彼はある書籍会社の嘱託を受けて地理書の編集の手伝ひに従つてゐるのである。文学者に地理書の編集！　彼は自分が地理の趣味をもつてゐるからと称して進んでこれに従事してゐるが、内心これに甘んじてをらぬことは言ふまでもない。後《おく》れがちなる文学上の閲歴、断編のみを作つて未《いま》だに全力の試みをする機会に遭遇《でつくわ》せぬ煩悶《もだえ》、青年雑誌から月ごとに受ける罵評の苦痛、彼自らはその他日成すあるべきを意識してはをるものゝ、心中これを苦に病まぬ訳には行かなかつた。社会は日増しに進歩する。電車は東京市の交通を一変させた。女学生は勢力になつて、もう自分が恋をしたころのやうな旧式の娘は見たくも見られなくなつた。青年はまた青年で、恋を説くにも、文学を談ずるにも、政治を語るにも、その態度がすべて一変して、自分らとは永久に相触れることができないやうに感じられた。

ここには、「自分」が三つある。第一の「自分」は、「彼は自分が……と称して」であって、間接話法の形である。結局「自分」は「彼」になるのだが、格は等しくない。

二番目の「もう自分が恋をしたころのやうな……」に至って、「自分」は完全に「彼」と等しい地位を占めている。三番目の「自分」は、またやや離れ、主格の位置からはおりている。

以上、「自分」と「彼」との関係を考察してきたが、動いているのは「自分」である。「彼」は、ただそこにあり、「自分」が次第に近づき、時に遠ざかり、「彼」との位置関係を調整しつつ動いているのである。こうして、はじめにあった「彼」は、「自分」と置き換えることのできる存在である、と設定された。「自分」ということばは、日本語の生きた文脈の中で、人の内面を語る主格となりうることばであった。従って、ここで、「彼」は、人の内面を語る主格の資格が与えられたのである。

もちろん、このことは、およそ「彼」ということばが、日本語の中で、そのような意味を獲得した、ということではない。以下に展開する小説の上での話である。

5　「私」は、「彼」によってつくられた

次に、第二章の冒頭で、「彼は名を竹中時雄と謂つた」と名前が与えられたとき、この小説における「彼」の意味づけは、ほとんど完了したのである。以下、世間の生活者としての時雄の説明があり、時雄の物語が展開していく。この時雄とは、すなわち第一章の「自分」である「彼」なのだ、という念を押すかのように、続いて「彼」ということばがくり返される。そして、それは「時雄」にひきつがれていく。

「彼」の意味づけとともに、この小説の基本的な構成も、この第一章と、第二章の一行目まででつくりだされているように思う。それは、内面生活とともに、世間的な生活をもった人間、という存在の構想である。

「彼」で始まる小説とは、この「彼」が三人称の代名詞である、と考えるならば、ちょっとおかしな形式である。小説技法として、いつか分らぬうちに、すっと現在の中に現われる、という効果はあるだろう。代名詞が受けるべき前の存在を知らず、過去と断絶して出現する時間である。

しかし、「彼」は、そうではない。前の誰かを受けている代名詞ではない。時間はそこから始まるのであって、その前はない。

「彼」は、むしろ空間の中で断絶され、孤立している。三人称代名詞 he や il が、不特定多数のうちの一人であり、その背後に社会という空間を離ち難くもっているのに対して、「彼」は特定のただ一人である。

日本の私小説は、花袋のこの『蒲団』から始まる、と言われている。私がこれまでに説いてきたところによれば、この小説の中心は、「私」ではない。「彼」である。「彼小説」とでも言うべきであろう。時期はこれより三十年ほど前になるが、フロベールは、自作の小説『ボバリー夫人』について、「ボバリー夫人は私である」と有名な文句を語っている。私のこれまでの考察にからませて言えば、フロベールは、三人称の人物に、「私」を託した、と言うことができるだろう。三人称は、もちろん「彼」ではなく、フランスの文章における il や elle である。そして、小説の技法としては、バルザックで頂点に達したリアリズム文学の背景があった。il や elle は、すでに「私」moi と対等の資格をもつ人間を指す完成された代名詞であった。その代名詞に「私」を託した、ということは、「私」に、客観的な、社会的な運命を担わせた、ということであろう。

ところで、『蒲団』において、花袋が、「彼」に「自分」を託した、ということは、従来ほとんど使われることのない、ある一つのことばに、「自分」の運命を担わせた、ということであった。

それは、結局「自分」を語ることにすぎなかった、という一般の指摘は、正当なようで、一面的にすぎる、と考える。語られたのは、「自分」ではない。「彼」に託された「自分」である。「自分」は、ここで、敢えて発言され、暴露される存在として、作られたのである。「自分」の発見、と言うよりも、もう一つの存在としての「自分」の創作、「私」の創造であった、と考える。

三、近代日本の小説における「彼」

1　有島武郎『カインの末裔』における「彼」

「彼」で始まる小説、という形式は、その後も、気をつけてみると、日本の小説の中に意外に多く見いだされる。とくに、作家の若い時や、意気ごんで書いた小説に多い。そのうちから、いくつかとりあげて考察してみよう。

『蒲団』から十年後、大正六年に発表された、有島武郎の『カインの末裔』は、次のような書き出しで始まっている。

　長い影を地にひいて、痩馬の手綱を取りながら、彼は黙りこくつて歩いた。大きな汚い風呂敷包みといつしよに、章魚《たこ》のように頭ばかり大きい赤坊をおぶつた彼の妻は、少しちんばをひきながら三、四間も離れてその後からとぼとぼとついて行つた。

小説は、しばらく「彼」のままで進行する。やがて、「彼」と「彼」の妻や子は、ある農場の帳場にやってくる。そこで「広岡仁右衛門《にんゑもん》といふ彼の名と生れ故郷とを記入して」、名前が現われる。北海道の原野を歩いていた「彼」は、この名前とともに、農場に働く生活人となるのである。ここまでの構成は、『蒲団』とそっくりである。

広岡仁右衛門という名前が与えられた後は、小説では、おもに「仁右衛門は」というように呼ばれる。

が、時には「彼」とも言われる、そして以下、小説の終りまで、「彼」ということばは、ほとんどこの主人公だけを指している。ほかの男たちもひんぱんに現われるが、「彼」は、ほとんど主人公に限られている。『カインの末裔』全文中の「彼」は一九一例で、主人公でない男を指しているのは、一例だけである。『蒲団』では、「彼」が三一例、そのうち主人公でない男を指しているのは、第二章以後に三例あった。『蒲団』の方が、まだ、「彼」に代名詞の働きがあったわけである。

たとえば、

声をかけたのは三十前後の、眼の鋭い、口髭の不似合ひな、長顔の男だつた。農民の間で長顔の男を見るのは、豚の中で馬の顔を見るやうなものだつた。彼の心は緊張しながらもその男の顔を珍しげに見入らないわけには行かなかつた。彼は辞儀一つしなかつた。

「その男」というのは、「彼」ではないのである。

「彼」の、このような使われ方は、作者にどれほど意識されていたであろうか。小説の冒頭から、広岡仁右衛門という名前が出るまでは、十分意識されていたに違いない。しかし、その後の「彼」については、どこまで作者じしんに気づかれていたか、疑問である。

冒頭から名前が出るまでの「彼」は三四例である。残り一五七例の使われ方には、やや問題がある。名前が紹介されるとき、作者はこう書いている。

……それに広岡仁右衛門といふ彼の名と生れ故郷とを記入して、よく読んでから判を押せと言つて二通つき出した。仁右衛門（これから彼といふ代りに仁右衛門と呼ばう）はもとより文盲《あきめくら》だつたが、……

「これから彼といふ代りに仁右衛門と呼ばう」と言う。しばらくは、その通りなのである。この一節は第一章の終り近くであるが、ここから第二章の終りまで、「彼」はあまり使われず、「仁右衛門」がよく使われる。「彼」が、「仁右衛門」以外の人を指すただ一つの例外も、この一節のすぐ後のところである。「これから彼といふ代りに仁右衛門と呼ばう」という、「彼」に特別な意味を与えることを拒否する発言とともに、「彼」は、代名詞としての機能をとりもどした、ともみえる。

が、そうではない。続く第三章から終りの第七章まで、「彼」はふたたび盛んに発言され、一五六例の「彼」は、すべて仁右衛門を指している。この部分の「彼」は、作者じしんの警戒にもかかわらず、代名詞の機能を欠き、名詞的に働いたのである。カセット効果は、意識的にカセットとして使われるのではない。使用者の意図とは別に、ことばが、その使用者に自ずと働きかけている効果なのである。

アメリカで生活し、横文字に堪能だった作者・有島武郎は、英文における代名詞 he の使い方は十分知っていた。日本文における「彼」も、he のつもりで使う、という気持もうかがわれる。「彼」の用例が多いのも、その現われであろう。だが、日本文における「彼」は、やはり he ではなかった。ことばの意味を決定するのは、使い手の意図や、ことばじしんの意味だけではないのである。

「彼」は、その後、日本語における用法が次第に熟していっただろうか。決してそうはなっていない、と私は考える。今日でも、依然、「彼」はカセット効果のことばである。日常の口語においてばかりでなく、文章語としても、多分にそうである。

文章語として「彼」がよく使われるとすれば、むしろこのカセット効果に頼った用法、と言うべきだろう。

2　堀辰雄、芥川竜之介における「彼」

「彼」で始まって、やがて名前が明かされる小説とよく似ているが、終始一貫「彼」で通す小説がある。「彼」という用語が、小説のことばとしてかなり定着してから現われるのだが、このことは、「彼」が、どのような意味のことばとして定着して行ったのか、という事情を物語っている。

『カインの末裔』から十一年後、昭和二年に書かれた、堀辰雄の『ルウベンスの偽画』を見てみよう。この作品は、主人公は、すべて「彼」で通している。そして、「彼」と親しい少女がいて、「彼女」と呼ばれる。作品中、男は、主人公のほかにはあまり現われないが、女は、ほかにもいる。そこで、「彼女」ということばの使われ方に注意してみよう。

夫人は、彼と一しよに下りてもらえばいゝぢやないのと彼女に応へた。それを聞くと彼は無造作に屋根の上に出て行つた。彼女も笑いながら彼について来た。……

……彼もそのあとから上らうとして、バルコニイで夫人と彼女の話しあつてゐるのを聞いた。

登場人物は、ここでは、「彼」と「彼女」と「夫人」である。この三者は決して混同されない。「彼」や「彼女」は、ここでは、「夫人」ということばと対等の、名詞である、と言うことができるだろう。次に、この「彼女」とは別に、「お嬢さん」が登場する。

彼もこのお嬢さんを刺青《いれずみ》をした蝶のやうに美しいと思つてゐた。しかし、それだけのことで、彼はむろんこのお嬢さんのことなどさう気にとめてもゐなかつた。が、ただ彼女を取りまいてゐるさういふ混血児たちは何とはなしに不愉快だつた。

「お嬢さん」は、少しだけ「彼女」である。が、大体は「お嬢さん」である。そのうちに、この「お嬢さん」は、ふと「彼女」になる。

お嬢さんは彼に背なかを向けて坐つたが、彼には何だかわざと彼女がさうしたやうに思はれた。鸚鵡は一そう喧しく人真似をしだした。彼女はときぐ\その鸚鵡を見るために背なかを動かした。その度毎に彼は彼女の背なかから彼の眼をそらした。

「お嬢さん」は、この時だけ、続けて三度も「彼女」になる。「彼」の世界に近づいてきたときである。「夫人」も、もし「彼」の世界に近い存在になれば、「彼女」になるかも知れない。「彼女」は、やはり「夫人」や「お嬢さん」と対等の名詞ではない。

一般に、「彼」や「彼女」は、代名詞よりも名詞に近い。が、代名詞としての条件つきでの機能はある。身近な存在、注目されている人物である。例の、あの、というような語感である。

『ルウベンスの偽画』で、堀辰雄は、小説全体を、「彼」と「彼女」で貫くことを、技法として意識していたであろう。「彼」と「彼女」が特定の人物を指すことも、承知の上の使い方であったろう。しかし、ここで引用した「お嬢さん」と「彼女」との交錯は、どれほど意識されていたのか。おそらく無意識ではなかったか、と私は推察する。「彼女」ということばは、日本語の文脈上、次第にこのような意味、あるいは効果のことばとして育っていたのである。使い手がおそらく気づいていなかった部分だけ、カセット効果が働き、その効果が、使い手である作者を動かしていたのだ、と考える。

同じ昭和二年、芥川竜之介の『或阿呆の一生』も、はじめから終りまで、「彼」と「彼女」で貫かれている。

「彼」と「彼女」は、ここでは特定の人物だけに厳密に対応され、混同されていない。

たとえば、「彼の先輩」は、何度も「彼の先輩は」とくり返され、決して「彼」にはならない。「彼の友人」も、「彼」ではない。また、「彼女」がいて、これも他の女性の登場人物とは別である。「彼の妻」

も、「彼の伯母」も、「彼女」にはならないのである。作者芥川は、このような「彼」と「彼女」の使い方を、完全に意識していたに違いない。ここには、カセット効果は働いていない。が、芥川のこのことば使いは、日本語の文脈中におけるカセット「効果」をそのまま、意識的に、「意味」として定着したわけであった。

四、カセット効果のことば「彼」、「彼女」

今日の私たちにとって、「彼」の遠称代名詞としての意味は、ずいぶん稀薄である。それよりも「彼」ということばですぐ反応するのは、三人称の人称代名詞の翻訳語としての意味であろう。それは、すでに義務教育にまでなっている英語教育の成果である。「彼は彼がそれを彼のポケットに持っていると言った。」というような言い方の訓練によって私たち日本人が身につけてきたのである。こうして習い知った「彼」は、しかし英語の教室の外では使うべきことばではない。そのことも、生徒たちは皆心得ている。翻訳語は、こうして、ある特定の場で、特定の文脈でだけ使うべきことばとして習得される。日常生活上では場違いのことばである。

生徒たちはやがてもの心ついて、翻訳小説や、西欧小説の影響を受けた日本の近代小説を読むようになる。そこでは、「彼」は、一応三人称代名詞として、日常ふつうのことば使いといっしょに使われている。異質な語感のことばが、日常語に近い文脈の中に、公然と割りこんでいるのである。「彼」とは、こうして、三人称代名詞であるよりも、敢えて場違いをおかすことばである。その、場の違いを支えるのは、三人称代名詞としての機能ではない。もっと別の機能がそれを支えているはずであり、それは「彼」ということばじしんのうちに見いだされる。言うまでもなく、カセット効果である。「彼」は、かつての教室における英文和訳の術語としてのことばから、日常生活に近い場におけるカセットのことばへと、生まれ変わるのである。

「彼」ということばは、こうしてまず、もの心ついた若者たちによって、誤用され、濫用される。たとえば、「おれの彼女」とか、「あなたの彼」などと言う。明らかに代名詞の機能を無視した「誤用」である。また、話相手を指して「彼夢中になってるね」とか、自分じしんについて、「彼女今日おセンチなの」とさえ言う。人称を無視した「誤用」、「濫用」である。

たびたび引用した奥村恒哉の論文も、私の言っているのと同じような現象を、「隠語的ニュアンス」という表現で指摘し、「好奇をともなふ軽蔑の意を強調して使用されてゐる」と説いていた。明治二十年前後の日本近代小説発生期の文章についての話であったが、私は、いわば、この「隠語的ニュアンス」は、昭和の今日まで、いぜんとして続いているのだ、と言っているのである。

カセット効果の重要な特徴の一つは、プラスかマイナスかの価値をもつ、ということであると私は述べた。奥村論文の「軽蔑の意を強調して使用されてゐる」とは、そのマイナス価値の効果についての指摘である。これに対して、今日「濫用」されている多くの例では、プラス価値の面が強く現われているのが多い。「彼」や「彼女」が恋人の意味で使われるのは、プラスの価値をもつある人間、と一般化することができるだろう。堀辰雄の『ルウベンスの偽画』で、「お嬢さん」が、あるとき「彼女」になるのは、「お嬢さん」が身近に感じられるにつれて、プラスの価値をもってくる、という事情が考えられるであろう。

価値をもつ、ということは、不特定多数のうちの任意の一つ、という意味とは相いれない。「彼」や「彼女」のカセット化は、代名詞としての本質的な機能を否定する。名詞化せざるをえないのである。

五、翻訳語は常に名詞の座を占めてきた

一般に、カセット効果のことばは名詞となる傾向をもっている。カセットとは、宝の小箱であり、何が入っているかは分らないとしても、実体としてのある存在だからである。

私たちの翻訳語は、多かれ少なかれカセット効果をもっている。その翻訳語は、今まで考察してきたように、明治以前からの受容形式によれば、名詞、サ行変格活用の動詞、および形容動詞であった。明治以後には、これに代名詞も加わった。これら四つの品詞は、いずれも、翻訳の過程では、名詞化され、名詞として受けとめられていた、と見ることができるのである。形容動詞については、時枝誠記の文法論によれば、形容動詞という独立した品詞を認めるよりも、名詞プラス助動詞、と考えるべきである、と言う。「カラフルな」「自由だ」という形容動詞は、「カラフル」、「自由」という名詞に、助動詞「な」

「だ」および助詞「に」が加わったことば、と考えるのである。また、サ行変格活用の動詞については、名詞プラス「する」という動詞と考えることができる、という文法学者の説がある。この説によれば、「付与する」、「パーシュエイドする」は、「付与」、「パーシュエイド」という名詞に、「する」という動詞が加わったことば、と解されるわけである。

サ行変格活用の動詞や、形容動詞についてのこのような見方は、いずれも妥当な考えである、と私も考える。どちらも、動詞や形容動詞という独立した品詞として考えるより、基本的には名詞プラス他の付属語や動詞、と考えるわけである。翻訳語は、この名詞の座に受け入れられたのである。明治以前の遠い時代からそうであった。古代・中世以来、そうであった。そして、明治以後は、代名詞らしいことばが、翻訳語として日本文の中に侵入し始めた。これもまた、実は代名詞ではなく、名詞の形に変えられて受け入れられていたのだ、と言うことができるであろう。

翻訳語の誤用・濫用現象についての識者の嘆きは、明治以来のことである。今日では、主にカタカナの、いわゆる外来語について、同じような批判がくり返されている。やがて、この嘆きは、横文字のことばの氾濫現象に及んでいくであろう。それは十分考えられることである。日本文の中に、至るところ英語など横文字のスペルのままのことばが氾濫し、しかも誤用されている、というような事態は、起って少しも不思議ではない。日本語の文は、やがて翻訳語、カタカナの外来語、そして横文字にとって代わられてしまうのか。

その心配はまったくない、と私は考える。翻訳語、外来語、横文字などは、日本語の文脈の中で、きわめて限られた座を占めるにすぎない。それらは、助詞、助動詞はもちろん、動詞、形容詞、代名詞にも代わることはできない。実は、ただ一つ名詞の座を占めることができるだけなのだ。古代・中世以来、私たちが舶来のことばを受け入れるための指定席としてあてがってきた名詞の座を占めることができるだけなのである。

そして、他面、このような舶来語受容の形式を、ことばの構造としてしつらえていたからこそ、私たちは、かくも貪欲に、旺盛に、いつでも外来文明のことばを受け入れることができたのである、と私は考える。

あとがき

本書は、私の前の著書『翻訳語の論理』の、いわば続編である。前著で指摘した日本における翻訳語の特異な現象を、ここでは、「カセット効果」という概念を用いて、理論的に述べたのである。また、前著では、具体的な分析の題材として、上代日本における漢字受容の問題を扱ったが、本書では、近代初期における西欧語の受容を、題材にしている。

前著と同じように、本書のテーマは、ことばの問題であると同時に、思想や文化の問題である。一方でことばと、他方で思想や文化とは、もともと一つである文化的事象の、盾の両面のようなものである、と考える。従来、学問が、この両者を別々の分野で扱ってきたのは、方法上の便宜に従ったのである。それ以上に、この両者は本来別々の分野に属すべきであって、専門家以外の者は、「専門」の領域に踏みこむべきでない、とするような傾向が、根強くあることは、残念なことである、と私は思っている。

翻訳語の問題は、何よりも私たちの国語の問題である。前著を発表したとき、私は、その分析対象が万葉集のことばであったこともあり、まず、日本の国語・国文学研究者たちに読んでいただきたい、と願った。同時に、それは非常に難しいことであろう、ということも覚悟していた。私は、翻訳語について、今まで誰もほとんど言わなかったようなことばかり、述べたてているからである。日本でも、おそらくもっとも保守的な学問の分野の研究者たちが、たやすく受け入れてくれる、とは思わなかった。予想どおり、私の前著は、少数の例外の方々は別として、国語・国文学の研究者たちからは、ほとんど黙殺された。そして、もう一つ、実はこれもほぼ予想していたように、外国の思想や文学などに係わっている人たち、つまり、翻訳の現場に近いところにいる人たちからは、かなり評価していただいた。その人たちの評価をいただいて、改めて、私は、自分の考えを、もっと説き続けていかなければならない、と決意したのである。

本書もまた、前著を発表したときと同じように、我が国語・国文学の研究者たちや、国語・国文学に関心をもつ人たちに、ぜひ読んでいただきたい、と念じている次第である。

翻訳語は、私たち日本人の、いわば宿命である。この国において、思想とか文化の問題に係わろうとするとき、そして、およそものを考えようとするとき、私たちはこの宿命を避けることはできない。本書の中でもくり返し述べたように、そのマイナス面を指摘し、慨嘆することで、この問題を片づけることは、とうていできない。

前著『翻訳語の論理』で、私は、翻訳語による思考を、日常語による思考と対比させて論じた。前者は演繹型の論理で、後者は帰納型の論理である。それは、文章の構文としてとらえることができる、と考え、万葉集にまでさかのぼって論じてみた。このような議論の進め方の背後には、演繹型のものの考え方は、できる限り避けるべきであり、帰納型の思考法こそ望ましい、とする私の態度があったのである。

しかし、さらにつきつめて、このことを考えてみよう。演繹型の思考法、翻訳語によるものの考え方を避けるべきである、と言っても、それは、しょせんできる限りで、という限度での話なのである。私たちは、翻訳語を避けきることはできない。翻訳語の根深い影響力を免れることは不可能である。そういう視点に立って、改めて考えたのが、本書の基本態度である。そのとき、ではどうしたらいいのか。まずなすべきことは、私たちにとって、翻訳とはいったい何か、翻訳語はいったいどんな影響を与えているのか、それを根本から考えてみることではないだろうか。そして、この問題は、従来ほとんど、まともにとりあげられたことはなかったのである。

本書の基本的な考え方は、高田馬場にある「寺小屋教室」での講義にもとづいている。受講してくれた人たちの質問や討論などを通じて、考え直し、練り直したところも少なくない。

本書で使用した資料については、鷲巣力氏にいろいろとお世話をいただいた。

そして、こうして本書が一冊の書物となってできあがるについては、いつもながら、法政大学出版局の、松永辰郎氏の御助力に負っている。

一九七六年五月

柳父　章

復刊にあたって

『翻訳とはなにか』を出してから、もう二十五年になる。あの頃、私はいつも張りつめていたようだ。生家に立ち寄ると、玄関の戸を開けるとまず、まだ元気だった母が、「章ちゃん、肩が上がってるわよ。」と声をかけていたのを思い出す。母は私のやってることなど何も知らなかったが、直感的に、私が一人で突っ張ってる様子を理解して案じていたんだな、と思う。その頃、私はどんどん書いていて、いくらでも書けるようだった。この本の原稿では、一日に二十五枚書いた時もあった。

あの頃から今日まで、私の基本的な考え方は、ほとんど変わっていないように思う。それは、本書で「カセット効果」という独自の用語で説いているところである。それは翻訳という二つの言語の出会いの現象を、翻訳語体験の現場から捉えて分析した考えだった。言語の現象にちがいないのだが、いままで不思議なくらい問題にされてこなかったと思う。それは一つの言語構造の外側で起こる現象なので、言語を一つの閉じた構造として考えている限り見えてはこないし、たとえ気づかれたとしても、言語法則の例外として処理されてしまうからではないか。

基本的な私の考えは変わっていないとしても、その後変わったのは、関心が文化に向いていったこと、もうひとつは、「カセット効果」を日本語・日本文化に限定せずに、もっと普遍的な言語・文化現象としてとらえるようになり、またその肯定的な面を見るようになったことだろう。

私の関心は、その後しだいに言語から文化の方へ向かうようになったし、大学でも比較文化論というテーマの授業を多く担当したこともあって、異文化の出会いについてよく考えるようになった。そういう分野の仕事をしていても、困難な問題にぶつかると、言語の出会いの理論に立ち返ってみると、思わぬような解決の方向が見えてきたものだった。その根底にはやはり「カセット効果」の考えがあった。その後、「ブラック・ボックス」という言葉も使ったりしたが、簡単に言えば、異文化の出会いでは、分からないところから始まる、ということだ。分かっているつもりのことがらには、必ずまだ分かっていないことが、暗い淵のように、通常は意識されないままにその下に淀んでいて、それがまた新しい文化の創造力にもなる、ということである。

そのような、よく分からないモノやコトを、よく分からないままに受け入れてしまうのが、日本の翻訳文化なのだった。それを批判することから私は始めたのだが、それがまた、日本文化の長所にもなっている、ということにも目を向けるようになったのだった。そして、日本文化の場合に限らず、およそ異文化の出会いは、翻訳文化から始まるということだった。

たとえば、普遍的な言語・文化現象として翻訳文化を考えるという面では、近代日本で造語された翻訳語が、中国、韓国、ヴェトナムなどに輸出され、それらは現在でも使われている、ということを調べて論文にまとめたことがあった。近代中国の太平天国の思想には、キリスト教の God の「カセット効果」があると思った。また、つい最近考えたことでは、中世フランスのトルバドゥールの詩人たちについて調べていて、彼らのamor（愛）の観念が、ラテン語のamorの「カセット効果」からきている、と気づいて、それを著書にまとめたりした。

私の書いた本が最初に出たのは法政大学出版局からで、この本は二冊目だった。その間、そしてそれ以後も、編集者の松永辰郎さんには、私の考えをよく理解していただき、いつもお世話になった。

二〇〇一年四月

柳父章

著者略歴

柳父　章（やなぶ　あきら）

1928年東京生まれ．東京大学教養学科卒業．翻訳論・比較文化論専攻．著書：『翻訳語の論理』『文体の論理』『翻訳とはなにか』『翻訳文化を考える』『秘の思想』『日本語をどう書くか』（以上法政大学出版局刊），『翻訳語成立事情』（岩波書店），『比較日本語論』（バベル・プレス），『翻訳の思想』（筑摩書房），『文化〈一語の辞典〉』（三省堂），『翻訳語を読む』光芒社）他．

翻訳とはなにか　日本語と翻訳文化

1976年8月10日　初版第1刷発行
2011年5月10日　新装版第2刷発行

発行所　財団法人　法政大学出版局
〒102-0073 東京都千代田区九段北3-2-7
電話03(5214)5540／振替 00160-6-95814
印刷／三和印刷　製本／誠製本

Printed in Japan

ISBN 978-4-588-43609-3

柳父　章の本

秘の思想〈日本文化のオモテとウラ〉　二五〇〇円

翻訳語の論理〈言語にみる日本文化の構造〉　三二〇〇円

翻訳とはなにか〈日本語と翻訳文化〉　二八〇〇円

翻訳文化を考える　二二〇〇円

文体の論理〈小林秀雄の思考の構造〉　二五〇〇円

日本語をどう書くか　二五〇〇円

近代日本語の思想〈翻訳文体成立事情〉　二八〇〇円

（表示価格は税別）